世田谷一家殺人事件

侵入者たちの告白

齊　藤　寅

草思社

カバー写真◆大 西 清 和
地 図 作 成◆アートライフ

世田谷一家殺人事件——侵入者たちの告白＊目次

[事件関連地図]
甲州街道
千歳烏山
京王線
世田谷区
環八通り
成城署
仙川
宮澤さん宅
祖師谷公園
祖師谷通り
留学生会館
（現・祖師谷国際交流会館）
千歳小
世田谷工高
仙川
調布市
成城通り
祖師ヶ谷大蔵
小田急線
成城大
成城学園前
野川

世田谷一家殺人事件——侵入者たちの告白

捜査関係者のなかには、私が導きだした結論を一笑に付す者がいるかもしれない。だが、私は知っている。事件直後、捜査に協力しようとした一民間人の情報を、傲慢で図体ばかり大きい警察機構が黙殺したことを。そればかりではない。善良なる一市民であったその人物は、なんと組織捜査のなかで犯人視までされたのである。

私は事件発生直後から、大きな組織捜査のなかで埋もれていった細かな事実をも含め、充分な時間をかけ、丹念に取材、探索したものを本書にてすべて積みあげた。なお本文中に登場する人名等は適宜仮名とした。

プロローグ

私はある夜更けに、足下から忍び寄る寒さと戦いながら、歩いていた。静まりかえった住宅街ではあるが、二三区内というのに、なぜかその往来は不気味だった。コッコッと響く己の足音に、たびたび振り返らなければならないほどであった。あの夜、「訪問者」たちは、この往来を忍んで行ったにちがいなかった。この先にある、あの家を目指して……。

二〇〇〇年の暮れ、この家の主であった宮澤みきおさんと幼児二人を含む一家四人が何者かによって惨殺されるという凄惨な事件が発生した。世紀末の日本を震撼させた世田谷一家殺害事件である。

うそ寒い思いを怺《こら》えながら小さな疎水沿いの歩道をしばらく歩くと、街路樹の隙間からあの家の白い壁が見えた。私は、そこにたたずんで、しばらくその家を凝視した。あの夜、この場所で、「訪問者」たちも、決行までの時間を費やした。あたりは寂としている。沈黙がかえって私の耳を劈《つんざ》いていた。あの晩もおそらく同じような静寂がここに沈着していたにちがいない。

ふと、私のまわりの空気が動いたような気がした。殺気。それも物の怪の……。私の心はたちまち凍りついてしまった。その空気の動きはたしかに「訪問者」たちが放っていたものと同じだ、と直感が奔《はし》った。全身の表皮が粟立《あわだ》った。

二〇世紀末、突然、発生した世田谷一家殺害事件の舞台となった家に、私は何度となく足を運んだ。私は、そこに行くたびに、例外なく同じ恐怖を身に染み込ませなければならなかった。必ずその場所で、「訪問者」たちの気配を感じた。たしかに衝撃的な事件ではあったが、私はその先、これほど長く、この事件にかかわろうとは思ってもいなかった。


「なぜ、うちの子たちが……」


老母は言った。

「なぜ、うちの子たちだけがあんな仕打ちを受けなければいけなかったのでしょう？　私には全然わかりません……。もう私には口をきく元気もありませんから……。私のほうが先に逝くはずだったのに……」。そのあとは喘《あえ》いでしまって、言葉は続かなかった。

それはまさしく「鬼の言葉」だった。このまるで魂から直接絞りだされたような言葉を唐突に投げかけられた私は、名状しがたい憤りが湧きあがり、体のなかでバウンドを繰り返し、やがて突き抜けていったことを感じていた。

私なりにこの事件の解決の道を探らなければならない。できる最大限の努力をして、どこかで笑っているにちがいないホシを見つけださなければならない、そう決心していた。

埼玉県浦和市（現さいたま市浦和区）のやや北東部に位置する住宅街にその家はあった。そこにはいずれも建坪面積はそう広いとはいえない家々が、犇《ひし》めきあうようにして立て込んでいた。そのなかのごくごく平凡な和洋折衷の二階家。そこがその家であった。

私はまだ寒さが抜けきらない二〇〇一年二月のある晩、その家を訪ねた。近くに停めた車から降り、コートの襟をすぼめながらその家をやっとの思いで探し当てた。やけに寒い晩だった。これだけ多くの家が立ち並んでいるにもかかわらず、あたりは静まりかえっている。ただ、その家を除いて、ほとんどの家屋からは光が漏れていた。

表札はなかったが、住居表示ですでに確認している。ブザーの類は意図的にとり除かれたと思われる。木目調のコーティングがなされたベニヤ製の玄関ドアをノックした。ドアの上部には横に細長い磨《す》りガラスがはめ込まれている。

「やっぱりいないか……」。少々の落胆と寒さを感じながら、私は上着の左ポケットをまさぐって名刺入れをとりだした。そうしてなかから一枚の自分の名刺を引き抜いて、裏に一筆書くための下敷きになるような場所を探した。

そのとき、私がノックしたばかりのドアの磨りガラスにボオッと薄明かりが灯った。私は間髪入れずにドアの内側に向かってこう告げていた。「宮澤さんのお宅ですか？　夜分、たいへん申し訳ありません……。少々、お話を伺いたいと思いまして……」。もちろん、最初に私の名前と職分は告げている。

音もなくドアが開いた。ただし、それはほんの数センチである。ドアを開けてくれた家人はとにかく驚くほど痩せていた。私は一瞬言葉を失った。迎えた家人が痩せていたせいばかりではない。私が予想していた人ではなかったからだ。「この人は？　お父さんが必ず応対するはずだが……。まさか、お母さん？」

ドアを細く薄く開けて私に対応しているのは、たしかに年老いた女性である。私は、自戒の欠片が多少は頭をよぎったものの、最初これを僥倖と思った。なぜならこの〝お母さん〟とおぼしき人は、あの忌まわしい事件が起きてからというもの、ショックで倒れてしまい、一時は生死の境を彷徨《さまよ》うまでに深刻な状態に追い込まれた、といわれていたからだ。しばらくして最悪の状態からは辛うじて脱けきったらしいが、その後はまるで生気が抜けてしまって、人前に出るなどということは不可能、とされていたのだった。

そんな彼女の状態を見た家族以外の第三者はいないわけで、そこに多少の尾鰭《おひれ》がついている可能性は否めないが、事件発生当時から現在にいたるまで、被害者家族のスポークスマンというような役割を担っている〝お父さん〟がそのようなニュアンスのことをマスメディアに言っていたから、そんなに大きくかけ離れていないはずだった。お父さんにしてみれば、憔悴しきって生死のあいだを行きつ戻りつしている妻を容赦なく押し寄せるマスメディアから守ろうという切実なる思いだったのだろう。

たしかにその際の〝お父さん〟の姿は凄絶の一言であった。地獄のような事件に巻き込まれた息子一家にたいする悼《いた》みも悲しみも、また犯人にたいする憎悪の思いも一切見せずに波状的に押し寄せるマスメディアの取材攻勢に、たった一人で立ち会っていた。自宅には妻が生きた心地もないような状態で床に伏している。それを知っていてもマスメディアは取材を繰り返した。新聞、テレビ、週刊誌などに始まって、あらゆる刊行物のそれぞれの取材者たちが、浦和市（当時）にあるこの家に黒山の人垣をつくった。

それを押しとどめるための術を何一つもっていない、それでも〝お父さん〟はこの不条理な嵐に耐えていた。そのような状態の間隙を縫うように私はその家を訪れた。もちろん、この家の現状は充分すぎるほど知っていた。私にしたって、この事件の取材者の一人だったのだ。その私の前に、取材者に応対するはずもない、いや、応対すべきではない〝お母さん〟が、ドアを開けている。

〈独占告白　世田谷一家殺害事件被害者の母がはじめて語った！〉こんな浅ましいタイトルが瞬時、私の頭に去来した。このタイトルこそ、マスメディアに携わる者がもつ功名心のなれの果て、あるいは象徴である。そんなことを瞬間、頭のなかで弄《もてあそ》んだあと、私は、すかさずこう言っていた。

「あの、宮澤さんのお母さんですね？　じつは事件のことについて……」。このとき私ははっきり見た。この老母が痩せた体を、全身を震わせて何か言おうとしているのを。それまで家の内側からしか電光源が当たっていなかったため、つまり、お母さんの後ろから光が当たっていたため、目前にいながら私はこの人の顔をはっきりと認識していなかったのだ。それはまさしく幽鬼そのものであった。この人は怒っている……。それはたしかに怒りの燐光だった。

そして、老母は、私に向かってこう告げた。「なぜ、うちの子たちだけがあんな仕打ちを受けなければいけなかったのでしょう？」その言葉を聞いて、私が感じたことは、前にも記したとおりである。私はこの言葉を見聞きしたあと、一拍置くかたちで最敬礼をし、先ほど用意した名刺だけを手わたし、そこを辞した。じつは、この最後の行為については記憶があやふやである。慌てていたのかもしれない。ただ、そのとき用意した名刺が、その後たしかになくなっていた。

「鬼の言葉」

私は正義漢でもなんでもない。たまたまマスメディアの仕事をしているが、取材にはなるべく自分の感情を挿しはさまないようにしていた。そうすることによって客観的報道を遵守しているつもりだった。多くのメディア関係者は、私と同じような考え方と行動をしているはずである。

しかし私はこの老母の言葉で、それまでの姿勢を変えることにした。一個人の仕事のやり方を変えるほどのショッキングな言葉だった。そして同時に、ある書物のタイトルを頭に浮かべていた。

江戸川乱歩の「鬼の言葉」。内容はともあれ、私はたった今、現実の「鬼の言葉」を投げつけられた。「鬼の言葉」とは、そのタイトルだけとってみればじつに秀逸で意味深だ。私はこの乱歩の随筆集のタイトルに執拗にこだわった。それだけ老母の言葉、態度にそのタイトルが一致していたのである。私が二〇〇〇年一二月三〇日深夜に発生した未曾有の大事件、世田谷一家殺害事件の取材に本腰を入れることをあらためて決心したのが、この二月の寒い晩だった。

私が訪ねていったのは、同事件の被害者である宮澤みきおさんの実家、つまりみきおさんの御尊父である宮澤良行さんの自宅である。先に記した〝お父さん〟は宮澤良行さんであり、〝お母さん〟がみきおさんの御母堂である。御母堂の「鬼の言葉」はそれから私の取材の節目ごとに必ず脳髄に蘇ってきた。

私はこの御母堂の言葉を忘れない。もちろん、御母堂だけでなく、〝お父さん〟つまり宮澤良行さんのこともつねに考えていた。この御母堂への取材のあと、良行さんには数回、取材をさせていただいた。私は、良行さんから、なにがしかのコメントを得るようなまねは、金輪際しまい、と決めていた。だから、いつも私のほうがそれまで得た情報を伝えるだけにとどまっていたが、それにしても良行さんは、いつも私の話を熱心に聞いてくれた。

良行さんはつねづね、はっきり言っていた。

「どのような情報でもいい、それがもしかするとみきお一家の不名誉になるようなことでも耳をふさがない。私たち夫婦は、このあまりに理不尽な事件になぜ、みきお一家が巻き込まれなければならなかったか、それを知りたいのだ。だから、どのような情報でも忌憚なくお話しください。このままでは、私たち夫婦は、安らかに死ねません」

御母堂の言葉と同じくらいに、この良行さんの言葉は私の五臓六腑に沈着していった。

おそらく、警察は〝捜査上の秘密〟と称して、細かい情報は、良行さんに提供してこないであろう。それは、ひるがえって言ってしまえば、被害者あるいは遺族に言うべき情報を各捜査官はほとんどもたないことを意味する。捜査は分業制であり、一捜査官に被害者や遺族に提供できるくらいの情報を独占することを許さない。ひとたび事件が起きたとき、この分業制が実力を発揮するのは、せいぜい捜査の第一期（約二週間）のあいだだけである。その後は、この分業制こそが、捜査にも支障をきたすことになる。

だから私は独自の視点から、この事件を解明できるところまで解明する決心をしたのだ。「鬼の言葉」と良行さんの大いなる勇気が、私のそういう思いを牽引した。

第1章　膨大な遺留品

凶行の現場

二〇世紀末に発生した世田谷一家殺害事件（警視庁では「上祖師谷《かみそしがや》三丁目一家4人強盗殺人事件」としている）は、前世紀わが国における最大にして最悪の未解決猟奇事件である。空前絶後の捜査員と捜査費を費消した今なお、この事件の犯人は挙げられていない。

この重大事件は、二〇〇〇年一二月三〇日から大晦日にかけて発生した。

被害者は、外資系経営コンサルタント会社社員、宮澤みきおさん（当時四四歳）と妻である泰子さん（同四一）、そして、二人の子供、長女にいなちゃん（同八）、長男礼ちゃん（同六）の一家四人。まさしく一家は、この事件によって殲滅された。

一二月三〇日の午後一一時半過ぎにこの事件は発生した、と確定されている。その日の夕刻、最寄りの小田急線成城学園前駅のスーパーマーケットで夕餉《ゆうげ》を彩るための食材を買い求めた宮澤さん一家は、仲睦まじく歩いてわが家に帰り、午後七時過ぎごろから心安らいだ食卓を囲んだ。夜も更けて、皆がそれぞれの寝室に足を向けた、その直後、凶暴な獣がこの一家の安寧を根こそぎ奪ってしまった。

問題の一一時半ごろ、宮澤さん宅から、ドーンという何か大きな物質が高いところから墜落するような音を近所の人が聞いている。別の近所の人は、何か争うような声が同宅から午前〇時過ぎに聞こえた、と言っている。これらの証言は、そのまま犯行時刻の確定に結びつけられた。この確定に誤りはない。

この事件の第一発見者は、宮澤泰子さんの母親だった。母親は宮澤さん宅に隣接する家屋に住んでいる。大晦日の午前一一時ごろ、母親は隣りに何度か電話をかけた。どういうわけか応答がない。大晦日の日には三世代揃って食事でもしようか、ということになっていた。なぜ、電話に出ない。朝寝坊にしては時間が遅すぎる。こみあげてくる胸騒ぎを抑えながら、母親は隣りのドアを開けた。

そこには、地獄がパックリと口を開けていた。想像すらできない地獄絵図であった。床面を覆っていた血は表面が固まりかけていた。

みきおさんは、首や腕などを刺されて、階段の下で俯《うつぶ》せに倒れていた。泰子さんと長女は、二階でやはりメッタ刺しにされて倒れていた。二階から二人の血が一階にまで流れ落ち、みきおさんの倒れているところまで滴《したた》ってきていた。礼ちゃんだけは、首を絞められ絶命していた。

宮澤さん宅は都立祖師谷公園拡張のため、周辺から孤立していた。第一発見者である母親一家の家と、あとは一軒しか家作がなかった。この三軒はまるで寄り添うように建てられている。まわりはちょっとした更地である。都会のなかのわずかなる孤島、そんな喩えが相応しい。そこで事件が発生した。

第一発見者の通報があって、警察はさっそく現場に臨場し、捜査に乗りだした。現場に最初にかけつけた機捜（機動捜査隊）のベテラン警察官は、こう言った。

「たしかに事件の規模も尋常じゃなかったし、現場の悲惨さは口では表現できない。ただ、この事件《ヤマ》はすぐに解決すると思った。理由は簡単です。その遺留品の多いこと多いこと。（現場を）一目見て『ああ、これはホシが挙がるのも時間の問題だな』と思いました。私だけではなく、すべての臨場した警察官はそう思ったと思います」

事件が発生すると、所轄署の警察官よりもいち早く現場に到着して、状況が荒らされないように人を張るのが機捜である。そのベテランが、このヤマは早いと判断したのだ。そう思わせたのが、同人の言葉にもあるように、大量の遺留品だった。

そう、犯人は、これでもかと言わんばかりに遺留品を残していった。まるで、この事件をやったのはこの私だとアピールするかのように。ベテランの機捜警察官をして「多すぎる」と言わしめた遺留品の数々。そして、犯人のとった行動がその後、次から次に明らかになっていった。

特筆すべき遺留品の第一号は、なんといっても指紋であろう。犯人の指紋が、被害者の血痕を朱肉として、現場宅一階の北側壁にほぼ完全無欠のかたちで、明瞭に残されていたのである。これは驚くべきことであった。その人と判断するうえでもっとも簡単にして、確実なる証拠、それが指紋というのは万国共通、誰もが知っていることである。

その指紋が堂々と、まるで証のように犯行現場に残されていたのだ。捜査当事者にとってこれほどありがたい遺留品は他に考えられないではないか。前出のベテラン機捜警察官がこれを見て、「犯人検挙は時間の問題」と決めつけたのも無理はない。この事件に携わった万を超える警視庁の警察官がこのベテランと同じ判断をしたことも宜《むべ》なるかな、なのである。

次なる遺留品はなんと凶器の一つである。それは二階のキッチンで発見された柳刃包丁である。それには、「関孫六　銀寿」という彫り込みが施されていた。凶器が放りだされていたキッチンは、泰子さんとにいなちゃんが殺されたリビングに直結している。この柳刃包丁で一家を屠《ほふ》った、とその遺留品は、発見場所で無言の証言をしていた。

その他、遺留品については文字どおり枚挙に暇がない。それもみな特級の遺留品で、おそらく他の事件でそのうちの一つが残されていたとしたら、それをキッカケとして事件の解決が見られることは必至、という類のものであった。

犯人が犯行時に着用していたトレーナー。このトレーナーからは、血液型A型の汗が検出されている。その他、帽子、マフラー、ヒップバッグ、そして靴。まぎれもなく犯行時の犯人のものなのである。いずれも犯人の皮脂が染み込み、体臭をまとわせている。

食生活から生活形態素まで、これらの遺留品は示していた。そこには、特定の者しか有することのできないはずの物証まで混じっていた。たとえば、ヒップバッグのなかから採取されたチタン酸バリウムの粉末。この粉末は、触媒や電子材料（セラミックコンデンサ等）に使われるシロモノで、特定の工場でなくては付着することはない。

その他、犯人が止血のときに使ったと思われるラテックスゴムが剝離した微粉末。このゴムはたしかに急を要する止血にはなくてはならないものである。ただ、このゴムを止血用に利用するのは医者でも救命隊員でもない。軍隊である。軍隊を有する国ではみな、このゴムを止血用に携帯させている。先の機捜警察官の言葉を借りるまでもなく、重要遺留品のオンパレード。これで、ホシが挙がらないはずはない……。繰り返すが、すべての捜査官がこう思い、事件解決への甘い妄信に陥ったのもいたしかたないところなのだ。

そのなかでもとくに靴は、注目すべきシロモノであった。一見どこにでもあるようなスニーカーなのであるが、じつはそうではなかった。「スラセンジャー」と名付けられた韓国メーカー品で、サイズは二八センチである。この韓国メーカー品はたしかにわが国内で売られているが、二八センチというサイズは本国韓国でしか売られていないということが、その後、捜査のごくごく初期段階で判明したのである。これはいうまでもないことであるが、犯人特定への最短距離を疾走するための最高レベルの品であろう。

指紋、凶器、そして、身にまとっていた衣服……。結果として、これら遺留品の数々は、皮肉なことに、この事件のお宮入り（未解決）への可能性を高めることとなった。

遺留品だけではない。犯行後の犯人の異常な行動も、同様に捜査の初期段階で明らかになっている。たとえば犯人は凶行後、数時間、現場に居座っていた。そこで犯人は、被害者宮澤みきおさんのパソコンを立ち上げ、それを操作し、ネットを泳ぎ回っていた。はては人間業とは思えない暴虐に空腹をおぼえたのか、一階仕事場にあった冷蔵庫から、カップアイスを見つけだし、それを頬張っていた。メロンも貪っていた。犯人は、間違いなく被害者たちの返り血を浴びたままで、それらの行為を黙々と続けていたのだ。

やがて犯人は、それにも飽きたのか、犯行後、一〇時間近く経過した三一日午前一〇時ごろ、この家の玄関から堂々と出ていった。それから約一時間後、泰子さんの母親が第一発見者となって、事件はこの世に明らかにされた。

その後、今にいたるまで犯人は挙がっていない。警察が発表している犯人像――二〇代から三〇代までの若い男性、ウエストサイズ八三センチくらい、身長一七五センチ前後、靴サイズ（日本サイズ）二八センチ――は、初動捜査のときに導きだしたものと、今もって寸分違わない。

それは捜査当局が揺らいでいない、ということではない。むしろ、その逆である。溢れていた重要な遺留品によって形成された犯人像で、当局はそこに胡座《あぐら》をかいていた、というのが実情なのだ。このことはこの事件の不幸の一つといって差しつかえあるまい。

二転三転した犯人像

犯人像について、事件発生当初は、怨恨の線がもっとも重要視された。しかし、そこからは、一切の手応えはつかめなかった。見立ては外れたのである。そして次に主流となったのが、金目当ての流しの線。しかし、これにもアタリがついてこなかった。捜査線上に、これだけの犯行をしでかし、同時に未曾有の痕跡を残しえた者の一部すら浮かんでこなかったのである。

たしかに警察はタカをくくっていた。多数の遺留品が警察の目を眩惑させたことはあらためていうまでもない。それが、もたれあいの意識をわずかな時間で育むことになった。「鑑識さんが陳列品（遺留品）から動かぬ物証をつまみ上げて、ホシを特定したら、行確（行動確認）班が、二、三日そいつを泳がせてウラをつかみきる。そして袋小路に追いつめたところで大勢で囲んでパクる。そしたら、捜査一課長か刑事部長がストロボの嵐を一身に受けて、われわれの手柄とす。これがしめて一週間、いや、もうちょっと早くなるかな……。五日ってところかな」。大部隊の一パーツに徹さざるをえない捜査官の偽らざる印象がこれであった。

この油断が、その後の捜査を決定づける。結果的にこのとき警察は、お宮入りへの道程の入口でうろついていたのである。彼らが予期していた、初動捜査の初期に起きるはずのホシの捕縄《ほじょう》は実現できなかった。それどころか、そこから警察はあまりに情けない迷走を繰り返すこととなったのである。

ある捜査官は、「極秘の情報として……」という前置きで、親しくしているマスコミの取材者にこんなことをリークしたりした。「すでにホシは行確されている。二、三日中に逮捕されるよ」と。その捜査官に悪気はなかった。ただマスコミに、ちょっとしたお土産をあげたつもりだったのだ。

その捜査官は、捜査本部から直接降りてきた情報を「事実」として受け入れてリークしたのだ。ガセを話すわけにはいかない。実際、その捜査官は、当時、捜査本部の末端に身を置いていた。いわゆる行確班の一員として、対象者（つまり犯人）の行動確認に向かえ、との指示を待っていた当事者だったのである。

この情報は、たちまち各メディアのあいだを駆けめぐった。リークされたのはもちろん一人（一社）である。その記者はリークを聞くやいなや、ただちに記事を差し替えた。この時点で、すでに他社に一歩先んじたことになる。事実、その社は「犯人を特定。二、三日後に逮捕か」という見出しを掲げて大々的に記事を打った。この記事の出稿が決まった時点で、他社の連中に得意顔でこのリークされた内容を話す。いつものことだ。

事件発生から一週間が経過したころだった。捜査本部の置かれている成城署の前には、いつもの倍以上のマスコミ車両が殺到した。同署から二〇メートルほど離れたところ、環八通り沿いの空き地に臨時につくられた駐車場にすら入りきれないほど多くの取材用の車両が押し寄せた。こんなことは同署が新築移転して以来はじめてのことであった。成城署のぐるりは、それから三日間、緊張が取り巻いた。

しかし、結局、その情報はガセとなった。記事を出したメディアはとんだ恥をかくことになった。リークした捜査官は、そのことが本部に知られたかどうかはわからないが、いつのまにか、捜査本部とはまったく関係のない従前の班に戻されていた。

警察とマスコミが演じたお粗末な三文芝居というほかはない。しかし、当事者たちは、充分すぎるほど真面目だったわけである。本当に二、三日中に犯人が挙がることを信じて疑っていなかったのだ。捜査本部自体がそれを信じ込んでいたのだ。それは結局、この事件にたいする読みの甘さ、そして専門職集団の群集心理だったといえようか。

警察の迷走はその後も続く。初動捜査で怨恨説を追っていた捜査班は、被害者家族である宮澤家の係累を執拗に洗いだしたり、あるいは、宮澤みきおさんの当時勤めていた会社や、転職前の会社などを執拗に調べたりした。被害者サイドにとってはきわめて迷惑な話であるが、この怨恨説を追いかけていた専従捜査班のなかには「宮澤さんの家庭内に事件解決の糸口がある」と固く信じて疑わなかった者が大勢いたのだ。「怨恨でなければ、あんな殺し方をするはずがない」というのが、彼らの思い込みだった。それは彼らの経験に依拠するものであるが、こうした経験則がまったく通用しなかった、という意味でも、この事件はやはり特異な犯罪といえるのである。

多くの遺留品は、決して捜査を促進させるものではなかった。そのもっとも象徴的な例は指紋である。捜査官の一人はこう思っていた。「これだけの無茶をやるのは前科者以外考えられない。指紋台帳のなかに犯人はいる」

指紋台帳での検索は、多くの日数を要しない。プロファイリングは合理的になされ、そして、この捜査官の思い込みはものの見事に否定された。それでも、その捜査官は、再三にわたって見直しを警察庁（指紋台帳は警察庁にある）に申請した。

現場の捜査官が警察庁に無理な懇願をする、というのはあまり前例がない。ヒエラルキーが厳然として存在する警察機構では、そのような懇願を許さない。それでも、馘首覚悟の要請が実って台帳は複数回めくり返された。そして、もちろんヒットせず、その捜査官もやがては捜査本部から姿を消した。

現場主義のベテラン捜査官の目をこれだけ眩《くら》ました事件は過去なかった。そして、多くの捜査官は思っていた。「どうして指紋という最高の物証があるのに、ホシの見当がつかないのだ」。彼らに焦躁が芽生える。古典的な強殺事件ではないのか？　すべての捜査官はそう思っていた。そこに大きな陥穽が口を開いていた。

犯人のメドがついた、という誤報が流された数日後、こんな報道がなされた。ある新聞が、まったく抜き打ち的に目を剝くような見出しを掲げ、社会面五段抜きの記事を打ってきた。「広島県で犯人確保か？」この報道は、文字どおり、世間を揺さぶった。いよいよ犯人が捕まるのか、しかしそれにしても広島まで逃げていたとは……。多くの人はそう思ったはずである。

その記事には「犯人と見られているのは、在京の大学生。犯人が犯行時に負ったと見られている右手の平に傷があり包帯をしている。警察官の職務質問を拒否したことから、任意で最寄りの警察署に本人を連行し、事情を訊いている……」とある。もうこうなると、ほぼすべての読者が、この人物が犯人である、と判断する。

そして、連行されたのが、私大有力校のＫ大学生ということがわかるや、巷の興味は最高潮に達した。

しかし数日後、この大学生が世田谷事件とはなんの関係もないことが明らかになった。任意で連行されたそのＫ大生は、ただ実家の広島に帰省していただけで、ケガも自分の過失で負ったことがわかったのである。このケースも、警察と警察情報だけを頼りに事件の報道を行なったマスコミが犯した失態といえる。

警察の失態はまだある。事件発生後、三カ月が経過した時期に、またまたとんでもない事態が起きた。

世田谷区内に住む大手銀行マンが器物損壊のカドで成城署に連行された。その銀行マンは、自宅の庭に侵入してくる猫（破損されたとされる器物）を片っ端からボウガンで狙撃していたというのである。被害にあった猫はいずれも野良であったが、かねてからそれらの猫を可愛がって餌を与えていた近所の一人暮らしの老婆が、その銀行マンを警察に訴えたのである。老婆は、警察に訴えるしばらく前から猫を狙撃している加害者として銀行マンを特定し、動かぬ証拠まで揃えていた。

銀行マンは逮捕されることとなった。そこまでは、どうということもない「街ネタ」かもしれない。猫を撃つほうも撃つほうだし、また野良猫を餌付けしていた老婆にだって問題はあったろう。

ところがこの事件は、思わぬ方向に動き始めた。逮捕された銀行マンは、猫の狙撃のことなどほとんど訊かれることなく、成城署内の世田谷事件の捜査本部に連れ込まれ尋問にあったのである。ただ、現場の近くに住み、猫を狙撃したというだけで、この銀行マンは世田谷事件の重要参考人（ほとんど被疑者）扱いをされたのである。

「昨年末の三〇日と大晦日、どこにいたか」「正月はどのように過ごしたか」「足のサイズは」「こんなトレーナーをもっていただろう」「なぜ、ボウガンのような物騒なものをもっているのか」、はては「宮澤さん一家を知っているか」。尋問は果てしなく続いた。

捜査本部の動きをマスコミが嗅ぎつけないはずはない。「世田谷の事件のホシが挙がったようだぞ！」大手銀行に入行し、十数年、同行で真面目に勤めてきたエリートは、たちまち、事件のホシとして喧伝されることとなった。捜査本部がそう見立てたうえで、その銀行マンを叩いて（取り調べて）いるのだから、マスコミのこの大いなる錯誤はやむをえない。警察にしてもマスコミが騒ぐことは計算済みなのだ。

他にも、警察は指紋に拘泥するあまり、これまたとんでもない失態を演じた。まるで錯乱したかのように誰彼かまわずに指紋を採取する、という前代未聞の蛮行に打って出たのだ。今から振り返れば、よくもまあ、このような常軌を逸した捜査（捜査などという行動とはあまりにかけ離れているが）ができたものだと呆れてしまうが、当時は、それが通ってしまったのだ。

犯人像を見失ったあげく、精神異常者による犯行という見立てが捜査線上に浮上してきたこともあった。もうそれしか残されていなかったのである。だが実際の捜査に及んでからは、さまざまな局面で支障が出ることになったあげく、何もつかめなかった。

そういえば、このようなこともあった。事件発生後、二カ月が経ったころ、「犯人らしき人物が日光駅に現われた」というタレコミがあり、わざわざ捜査員二名が日光まで足を運んだが、その情報は、わずか一時間あまりで〝漂白〟されることになった。こんなエピソードは、枚挙に暇がないわけである。

なぜ、このような残虐極まりない凶行を演じなければならなかったのか。この疑問ゆえにさまざまな犯人像が浮かび、ことごとく外れた。そこから、捜査本部の一部からまったく目線を変えたところで、もう一つの線が導きだされた。それは、外国人犯罪という線である。

わが国における外国人居留者数は激増していた。まるで新世紀到来を目指すようにその勢いは加速していた。なかには、わが国への入国が認められていない者も大勢いた。捜査本部の炯眼を有する誰かが彼らの存在に目をつけたのは自然な成り行きだったと思われる。しかし、この線が浮上したのはかなり遅い時期だったのだ。

あるいは、この線の主流化は遅すぎたのかもしれない。しかも、この線を主流化させたくないと考えている勢力は今でもあるという。

警視庁はいまだ解決しない状況を踏まえ、犯人に直結する情報を提供した者への懸賞金を当初の八〇万円から、年を経るごとに漸次引きあげ、その額は現在三〇〇万円となった。この額が、この事件にかかわるすべての実情をそのまま表わしているといっていいであろう。

一方、市民はといえば、この事件の記憶が完全に払拭できないかぎり、闇の底から不意に襲いかかるかもしれない凶賊の影に怯え続けなければならない。この大事件がもたらした〝禍根〟の範囲はじつに大きいのである。

非「不連続殺人事件」

私は、この事件の発生時から、全力を挙げて取材に取り組んだ。しかし、しばらくは捜査当局同様、事件の真相はまったく闇のなかであり、犯人像すら皆目わからなかった。

それは当然である。結局、取材といっても、それは警察当局から獲得する情報のみをさらうことがほとんどすべてだったからである。取材源、つまり情報元の警察がいっこうに事件解明への手掛かりをつかんでいないのに、得られるものなどないのだ。じつに簡単な理屈であるが、マスメディアにおいては「警察には隠された重要な情報があるに相違ない」、あるいは「警察からの情報を信じていれば、記事が成り立つ」というような妄信めいたものがいまだにあるのだ。

私にしたって最初は、このパターンを忠実に踏んでいた。自分のこれまでの（取材行為における）行動パターンを少しも疑っていなかったのである。ところが、あるキッカケから、私は独自にこの事件の解明に少しでも貢献しようと決心するにいたった。そのキッカケが、例の「鬼の言葉」にあることは前述のとおりである。

事件が起きる、取材する、そしてそれを記事にする……。これは私の職業人生にとってほとんど省みることのない、職業柄当然の連続した行為であった。しかし、その当然の行為が結局、何も産まず、時の経過によって速やかに霧消していく性格を帯びている虚空にすぎないことに、この事件取材を通じてはじめて思いあたったのである。

この新しい認識にもとづき、当局情報だけに頼ることなく独自の観点で取材を始めたところ、この事件の輪郭から、やがては犯人まで、朧気ながら、そして時間を経過するごとに、はっきりと見えてきたのだ。そして、最後に私はこの事件のほぼ全体像に肉薄することに成功した。

この取材過程のなかで、私がもっとも驚いたのは、マスメディアの旧態依然とした迷走ぶりや現在の警察の言わずもがなのていたらく、といった類のものではない。この事件が、これから永久にこの日本を覆っていくであろう、そして、決して晴れることはないであろう〝犯罪天国〟という暗雲の下におけるただの一滴にすぎない、ということだった。そう、この事件は、これ一件で完結しているものではない、ということである。

さらに驚かされたのは、この事件が、ある悪意に満ちた禍々《まがまが》しい一本の道のなかの通過点にすぎないということ。この事件は、ある一つの連続性の上に起こるべくして起きたのである。むろん、この連続性は単純に事件という事象面についてだけ該当しているのではない。ただの連続殺人事件ではない、ということなのだ。具体的にいうならば〝人〟の連続性なのである。もっと簡潔にいってしまうと、犯人（複数）の連続性なのである。

この事件は、犯人のもつ特殊性と現代の日本が抱えている（これからも抱え続けていくであろう）社会的歪みが起こしたものといって差しつかえない。この両者があいまって、連続殺人事件が起きたのだ。世田谷のこの事件が、その連続のなかの一要素ということは先にも述べたとおりである。

かつて、坂口安吾が「不連続殺人事件」という純文学専科の同氏にしては珍しい推理小説を書き、大いに話題をさらった。一九四八年の作品だからじつに半世紀以上も前に書かれたものである。専門外の分野に挑戦するという安吾の姿勢が話題の焦点であったが、その小説の内容にも文壇や読者からの耳目が集まった（ただし、この作品は、アガサ・クリスティーの「ＡＢＣ殺人事件」との類似性が指摘されている。もちろん、換骨奪胎というようなものではないが、元来、安吾はクリスティーの愛読者だったそうだ）。

それは、登場人物の多さや複雑な人間関係、あるいは意外なトリックなどにたいするものであった。ひるがえって、この「不連続殺人事件」が書かれて五〇年余の現代日本において、現実に起きた世田谷事件をとことんまで取材してみると、この小説とかぶってくるところがいくつも瞥見《べっけん》できるのである。

私は、世田谷のこの事件と事件にいたるまでの絶対に切り離せない連続した要素を、この文豪の名作の呼称を下敷きにして、非「不連続殺人事件」と言い表わすことにした。いくら似ているといってもそれはあくまで小説であって、当然それは似て非なるもの、ということである。

しかし、この小説の柱となっている状況の連続性、登場人物、事件の真犯人の連続性、そしてそれらが複雑に絡みあっているシチュエーション、これらすべてが小説というフィクションであるにせよ、現実のこの事件とリンクするのだ。人間の心理状態というものは、国籍を問わず、あるいは時代を問わず大きな変化はないことを痛感させられた。

能書きが多すぎたかもしれない。

第2章 クリミナル・グループ

現場捜査官の示唆

事件発生以来、私は、世田谷一家殺害事件の取材を寸暇を惜しんで続けていたが、そのわりにはいっこうに成果があがっていなかった。警察のほうも同様で、事件発生から半年以上が経過すると、捜査への意気込みも大いに削がれてくる。そのようなことに絆《ほだ》されたわけでもないが、私の当初の意気込みもやや腐りかけてきていた。

そんなある日、「この現場で、はたして怨恨や痴情というような動機が考えられるか？」ある捜査官が、こう独りごちた。本庁捜査一課から成城署に設けられた捜査本部に詰めていたベテラン捜査官の一人である。私はこの言葉を聞き逃さなかった。

「どういうことか？」

「だから、これは顔見知りではできないヤマということ。知らないからこそ、あんな非道い死体《オロク》ができあがっちまう、ということだ」

これ以上はそのとき言わなかったが、やがてその捜査官は、あることを口にした。

「やっぱり、これはあれだ。犯罪組織があると言っていた……」

「犯罪組織？　というと？」

「クリミナル・グループ。それも外国人の。今、たくさん留学生が来ているだろう？　ああいうの……」

そういうことか……。もう私はそれ以上言葉にしなかった。目の前にあった薄膜がハラリと落ちた感があった。

私は、その捜査官とともに、ある方向性を見出していた。それは第1章で触れた外国人犯罪の線である。たしかにこの捜査官が言うように、今、日本には、留学生が引きも切らずにやってきている。それも、アジア系の留学生。隣国韓国を筆頭に、中国、台湾、タイ、マレーシア、インドネシア、フィリピン、ベトナムにいたるまで、まるでわが国はアジア人のメルティングポットである。大学や各種学校など受け入れ側が積極的に彼らを飲み込んでいるのだ。

彼らのあいだになんらかの組織が芽生えているのか？　それがクリミナル・グループ……。

この点は事件発生半年くらいまではいっかな指摘されたことがなかったはずだ。

ただこの見方は、捜査本部を中心とした当局のあいだでは、初動捜査の失策が定着してから も局地的扱いを受けていた。しかし私はこれは本命と直感的に思った。現場の捜査官が、滑らかに「クリミナル・グループ」などという単語を発するわけはない。この世田谷の事件に限らず、この単語が現場の捜査官のあいだでも浸透するような見立て、というか、趨勢が当局にあるのだ。たまたまこの捜査官が、こうした内部の見立てと世田谷のこの事件とを結びつけただけなのである。

それが、ほんの思いつきであっても、私はこの煌《きら》めくようなジョイントを見過ごすわけにはいかなかった。警察内で定着しているようであるクリミナル・グループなるものの実態を掘り下げてみるしかない。私はさっそく行動していた。

世田谷事件後の異変

行動するといっても、ただ歩き回ってもしかたがない。効率よく行動しなければならなかった。はじめのうちは、その効率をどのようによくしていったらいいか右顧左眄《うこさべん》しっぱなしだった。しかし、いくつかの注目すべき事態が世田谷の事件の前後、いや、むしろあとに多く起きていた。

二〇〇一年末には、大阪で中国人留学生による風俗嬢殺人事件が起きている。二〇〇二年には、大分で中韓留学生による恩人殺しがあり、二〇〇三年六月には、福岡で中国人留学生による一家四人殺害事件が起きている。

ひるがえって外国人犯罪グループによる事件、そのなかでもっとも有名なのは東京都内で頻発したピッキングや韓国人犯罪団による資産家ばかりを狙った集団強盗事件であろう。さらに、東京、大阪で頻々と起きている中韓スリ集団による被害がある。このように、外国人犯罪は毎日のように起きている。そしてそれは今でも続いている、といっていい。

しかし、ここで特筆すべきは、先にも書いたが、これら外国人による凶悪事件の数々は、二〇世紀末を先陣として、極端に多くなっているということである。まるで世田谷の事件が、外国人犯罪のファンファーレとでもいうように……。一見なんでもない事件の数々。これをまずは丹念に掘り起こさなければならない。

同時に、世田谷の事件に携わっている各捜査員が独自の視点で関心を示している事件を常時耳にしておかなければならなかった。そのうえで浮かびあがってくるいくつかの事件。それはまるで点と点の繋ぎあわせにほかならない。繋ぎあわせた線が次の点に結びつく前に無情にもブツリ、と切れることも一再ではなかった。

現在の事件捜査は、独自での行動を許さない。だが、経験を積んだ捜査官が密かに、誰に言うわけでもなく独自の視点をもつことだけはある。ただし、それを捜査という業務に取り入れることはままならないのだ。

世田谷の事件のように大がつくほどの事件ともなると延べにして万という数の捜査員が動く。彼らは大方、自分が何を見つけるために動いているのかすら、わからないなかで日々捜査をしている。ただ上官に言われるがままに聞き込みを続け、彼らの言葉でいう〝地取り〟なるものを延々と続ける。この行為で上げられた報告が、事件捜査に貢献しているのかどうかすらわからないなかで黙々と業務を消化していくのだ。

否も応もない。これが近代捜査の在り方なのだ。なかには、自分が実際に見つけたたしかに重要と思われる〝物証〟あるいは〝証言〟を捜査本部に提供しない者まで現われる。たとえば、こうした大事件では必ず捜査本部長となる捜査一課長も、捜査員すべての行動を捕捉することはできない。それゆえに重要極まりない情報が一課長の耳に届かないことも少なからずあるのだ。

そうであるから、一人の捜査官の独自の視点などというものは一顧だにされずに、結局、発露の機会を失い、その捜査官の頭のなかだけで醱酵される。しかし、私は、そうした視点が事件に肉薄するためのきわめて重要な突破口になりうることを感知していた。この大事件を解明する（もちろん、犯人を逮捕し、起訴、公判、断罪にまでもっていくということではない）には、捜査官が独自にもつ視点を度外視してはならなかった。

不気味な事件に開ける穿孔《せんこう》の入口をようやく見つけたのだ。

「神奈川方式」の陥穽

これを機に、私は、アジアを中心とした外国人留学生のあいだにつくられているという、クリミナル・グループ（犯罪集団＝警察庁も認識）の実態解明に没頭していった。探索していくうちに、この世田谷事件の取材が、イコール、クリミナル・グループにたいする全体的な探索・調査であることを確信していた。しかし、そのことには、事件が発生してしばらくは当局の誰もが気づいていなかった。

くどいようであるが、初動捜査の空気が事件の惨状と比較してのんびりしていたのも、誰もが犯人逮捕は時間の問題だと思っていたからだ。この事件で警視庁は、警察内では一般的に「神奈川方式」といわれる、初動捜査に大量の人員を流し込む方式を採ったが、捜査員のなかには、これほどの人間を投じるのはかえって税金の無駄ではないかと思う者も少なからずいたのだ。

ちなみにこの方式をあえて採用したのは、当時警視庁刑事部長だった栗本という人である。栗本氏はのちに警察庁刑事局長に就くが、ある人にこう言ったという。「世田谷のときに、神奈川方式を採ったのは、やはり失策だったようだ……」

結局、事件の指揮を執ったこの栗本氏も多くの捜査官と同じく、初動捜査（第一期）で犯人が検挙されると思い込んでいたということになろう。それが思いのほか長引くに及んで、このような反省の弁となったにちがいない。

多くの捜査官を投入することは、初動捜査においてはたしかに有効と思われる。ただそれは極端な話、電光石火の犯人検挙というかたちでの解決がともなわなければならない。捜査が長期化すると、今度は投入した人数が多いだけに誰もが誰かに頼ることになる。これは人間の必然的な心理状態であろう。

ただ、初動捜査における楽観が大勢を占めるなかでも、この事件の動機というものが、誰にも想定できないというところに一抹の不安を抱いていた捜査官がいた。しかしその数は多くなかった。無理もなかろう。指揮官さえ楽観を抱えていたのだ。だから「犯人さえ捕まってしまえば動機などはそのときに訊けばよい。肝心なのは、ありあまる物証を整理して手っとり早く犯人を挙げることだ」、こんな思いを抱く者のほうが圧倒的に多かった。

結果はともあれ（この事件を知るほとんどの人がわかっていることなので、ここであえて指摘しない、ということだ）、この動機の面にもうちょっとの配慮が振り向けられていれば、捜査の様相は大いに変わっていたはずである。これは断言すらできる。なぜか。動機の面から現場を眺めなおして、類推を積み重ねながらこれを掘り下げていくと、どうしても犯人像はある一つのところに絞られてくるからである。

私は産毛程度の手がかりを、警視庁のある捜査員から聞き及んだ。それはすでに初動捜査においての失策が誰の目にも明らかになったあとのことだった。

第3章　消えたベトナム人

六〇〇〇人の失踪者

事件から八カ月ほど経過し、目新しい情報はすっかり途絶えていた。そんなあるとき、ちょっとした情報が私の耳を刺激した。私はそのとき、警視庁公安部外事第二課という部署に所属していた（当時）、帯谷（仮名）という巡査部長と西銀座三丁目のカフェで会っていた。とりわけ用があって会っていたわけではない。情報交換といえば体裁はいいが、要はお互い暇つぶしの一環である。

帯谷氏が所属している公安部外事第二課というのは、とくにアジア系の外国人犯罪をあくまで公安部という立場から担当している部署である（公安部という独立した部署が存在するのは現在、警視庁のみ。同庁以外の各警察本部では、警備部というディビジョンのなかに警備各課といったかたちで設置されている)。

公安部というのは、いわゆる事件捜査を行なう刑事部とはまったく異なる部門である。テレビドラマなどで「デカ」などと呼ばれて、事件が起きたときに颯爽と現場に臨場したり、捜査を行なったりする警察官、つまり刑事というのは、すべて刑事部の捜査各課なるところに所属する人たちと見ていい。いってみればとてもわかりやすい職掌である。彼らは、われわれ市民の前に顔をさらしてもいる。

ところが、同じ警察官という立場でありながら、この公安部の刑事の職掌は、刑事部のそれとはまったく性質が違ってくる。彼ら公安部に属する刑事、担当官らは、いわゆる事件が発生した時点から開始される捜査には、ほとんどといっていいが、携わらない。彼らの恒常的な業務は、一言ではいいにくいが、監視であるとか、内偵あるいは調査、資料の積みあげ、情報収集といったようなものとなる。それぞれの対象者にたいしてそれらの業務を輻輳《ふくそう》的に行なうのである。

いずれにしても彼らは、警察内でも誰がどのような業務を担って、日々何をしているか、そういう基本的なことすらつかまれていない、というじつに不思議な部署であり、存在なのである。

ただ、彼らと多少でも仕事上において付き合ってみると、公安刑事特有の雰囲気というか、匂いというものがあることに気づかされる。特殊な隠密のような仕事をしていても、それなりに職（仕事）が、その人間の外形をつくっていくのだ。帯谷氏も、そんな独特の雰囲気を全身にまとっていた。ただ、それは一般的には悟られない。

「ベトナム人がね……」、一服し終わった帯谷氏が言った。

「ベトナム人？」私は不審な思いを隠さずに、こう問い返していた。この公安担当官が、こういう切りだし方をするときは、何かしら含みがあるのだ。帯谷氏には、私が世田谷の事件を追いながら、その犯人像として外国人留学生に的を絞っていることは伝えてある。私は期待していた。

「この夏から、わが国では、ベトナムから比較的まとまった数の研修生を受け入れているんだ。なんでも炭鉱研修生といって、実際に炭鉱のなかにもぐって、炭をとりだしたり、掘りだしたりしているそうなんだが……」

「炭鉱研修生とはねえ、それでそれがどうしたんだ」

「あのなあ、ベトナム人が、それもピチピチの若い連中が、ゴソッとわが国に入ってきているんだぞ……」

「日本は戦前、いや、戦後だって、石炭王国だったからな。今は閉鉱しているところも多いだろうが、石炭採掘に関する技術たるや凄いものだろう。その技術を学びに、若いベトナム人が大量に来日しているからって、それが、どうしたんだよ……」

そう言いながら私はハッとした。気づくのが遅かった。帯谷刑事は、私のボーンヘッドにたいして、案の定、ようやく気ィついたか、というような顔を見せた。

「それでだな、そのベトナム人たちは、なんでも釧路と長崎に今、行っているそうだ。どちらにも大きな炭鉱があるんだそうだよ。三カ月程度の滞在らしい。みっちり炭掘りの勉強をしてほしいよ、北海道と九州でな。だがな、オレは、こういうのなんだか匂うんだよな……」

「つまり、研修生がどこかにフケるとか、そういう事態を危ぶんでいる、と言いたいんだろう?」

そのとき私はこう言いながら、彼らベトナムの若人がこの日本で失踪し、その後、どうなるかを考えた。十中八九、私たち市民にとって好ましい変遷を見せるとは思われない。彼らは一様に日本で、母国では一生かけても稼げないくらいのカネを稼ごうと鵜の目鷹の目で狙っているのだ。そういう意味では、留学や研修というのはそのもっとも都合のよい大義名分なのだ。

その彼らが、失踪の機会を虎視眈々と窺っていたとしたら。そして、それを実際に実行したとしたら。そこから先には、非合法の行為、つまり犯罪が、最短距離にある。これは、われわれにすればもっとも好ましくない事態である。帯谷氏は、それを危惧している、と言いたかったのであろう。ただ警察官という立場上、起こってもいないことを、軽々に口に出すのを避けたのかもしれない。だから「匂う」などと曖昧な表現をしているのだ。

私がそんなことを頭のなかでこねくり回していると、帯谷氏はうなずきながら言った。

「まあ、そういうことだよ。いいか、ベトナム人といっても、オレが調べたところによると、これまでに六〇〇〇人近くがわが国に来て、そのまま行方がわからなくなっているんだ。わが国に来たベトナム人の総数が六〇〇〇と言っているんじゃないんだ。この狭い日本でいなくなったベトナム人の数が六〇〇〇と言っているんだよ」

「そんなにいなくなっているのか。行方がわからなくなったそのベトナム人というのは、いったいどこにいるのかね。まさかみんな溶けて消えちゃったということはないだろう?」

「当たり前だ。なんだかイヤな予感がするんだな。何もなければいいんだがね……」

この帯谷氏の危惧は、その後、すぐ現実としてその輪郭をはっきりさせ、そのうえ、文字どおり、驚くべき情報をもたらすことになった。

二〇〇一年一〇月半ば、炭鉱研修生として訪日していたベトナム人の若者三名が失踪したのだ。彼らは、グループによって二手に分かれ、研修地の釧路と長崎を経由して、ふたたび東京に戻ってきた。ところが、さてこれから帰国という段になって、三名の研修生が行方をくらませてしまった。帯谷氏の予感は当たった、ということだ。

品川プリンスの部屋から出た指紋

そして、もっと凄まじい、それこそ文字どおり目を剝く情報が飛び込んできた。帯谷氏とベトナム人の話をして数カ月が経ったある週日の昼ごろである。携帯電話がけたたましく鳴った。

「齊藤さんか？　たいへんなことがわかったぞ！」携帯電話をとった瞬間にこの声が飛びだしてきた。帯谷刑事だった。

「あのな、よく聞け。例のベトナム人の部屋から、世田谷の遺留指紋《モン》が出たんだよ！」

「なんだって！」こう返しながら、瞬間、何を言われているのか咀嚼できなかった。何かたいへんなことを告げられたことはわかっているのだが、それをただちに飲み込むことができなかったのだ。

「オレもまさかあいつらベトナムヤングが、世田谷のヤマに関係していたとは、想像できなかったよ……」

ベトナムヤングとはなんとも無茶な言い回しであるが、それよりなにより、私の頭のなかでは「世田谷」「ヤマ」「関係していた」、こんなフレーズがハエのように回転していた。黙っている私を不審に思った帯谷氏は繰り返し私の名前を呼んでいる。

「ちゃんと聞いているよ……。帯谷さん、これから時間あるか？　今どこにいるんだ？」

帯谷氏はどういうわけか、西新橋の交差点近くの某所にいるという。私は表参道近くにいた。車を飛ばせば一五分で会える。帯谷氏から直接、きわめて重要な情報が得られるのだ。

「すぐそっちに行く。西新橋の交差点を芝方面に行ったところ、そう横浜ゴムの本社脇あたりにカフェがある。そこで落ち合おう。一〇分後だ」

その一五分後、私は帯谷氏と落ち合い、ランチをオーダーしていた。

「帯谷さん、どういうことだ？　指紋がどうしたんだよ」

「もう、そんなに急かすなよ」

刑事はランチのオマケ、サラダにフォークを突き刺しながら言った。

「あのベトナム人研修生、逃げだしただろう？　その逃げだした彼らが、帰国前に品川プリンスに泊まっていた。そこまではまあ、よくある話かもしれないが、ここからが違うんだな」

「どう違うか、だ」

「よく聞け、あのな、ベトナム人が脱走前に集まった部屋があるそうだ。そこであいつら、脱走の計画を念入りに立てたんだろうよ」

「そうだろうな。それで？」

「その部屋からな、出たんだよ……」

私の心はもう震えていた。帯谷氏が言わんとしていることがわかってきたのだ。その部屋から、あの指紋、そう、世田谷事件の犯行現場で検出された指紋が出たのだ。

「なんと、な……」。私は絶句していた。思わず、讃岐言葉が口をついた。私は香川県の出身者でもなんでもないが、同地に重要なネタ元が複数いる。彼らは、絶句するような驚きに打たれると「なんとな！」と声を高くする。私はこの表現が驚きを端的に、しかも正直に伝える、なかなか味のある間投詞だと思っている。

帯谷氏は不敵に笑っていた。笑いを誘うような性質の情報ではないのであるが、それだけ私の驚き方が強烈だったのであろう。

「それでどのくらいのポイントだったんだ。帯谷さんが咥《くわ》え込んできた情報だから、生半可なもんじゃないよな」

「そりゃそうだ。あのなあ、一〇カンマだということなんだよな」

「一〇カンマ……。そりゃ、ほぼ一致じゃないか！」

「そうよ、だからそれをあんたに、いの一番に教えてやったのさ。日頃世話になっているからな……」

指紋の照合は、ポイント数でその一致、不一致を測るようになっている。ポイント数というのは、指紋のなかの特徴点と呼ばれる部分を数値で表わしたものである。

これは、一特徴点＝一ポイントと考えるとわかりやすい。その（特徴点の）数で、比較対照される指紋と一致しているか、不一致なのかが決まる。いうまでもなくポイント数が高ければ高いほど、比較対照する（される）指紋は同一である可能性が高い。

ちなみに特徴点というのは、無数の曲線（これを専門用語で「隆線」という）で構成される指紋のなかの注目すべき要所（要点）というべきであろうか。特徴点には、たとえば、「開始点」であるとか「終止点」あるいは「接合点」「分岐点」などという要点がある。これら要点を総称して「特徴点」と呼んでいるわけだ。「開始点」というのであれば、隆線の起点を指す。逆に「終止点」というのは、その隆線の終点となるわけだ。同様に「接合点」というのは、二本の隆線がくっついている部分（点）、反対に分離しようとしている最初の部分（点）が「分岐点」となるわけだ。

日本の警察は、一二点方式なるものを採用していて、一二の特徴点（ポイント）が一致したら、それは同一の指紋、完全一致と判定されるようになっている。いわば、一二点満点ということだ。ただし指紋というのは、完全なかたち、状態で検出されるようなことは稀で、どこかが欠けたり、ほんの一部だけしか採取できなかったりする。

そういうときは、むろん一二点満点は出せない。つまり、収録（検出）された怪しい指紋が、最初から満点になるだけの資格に達していない、ということなのだ。事件現場で検出された指紋などというものは、そういう状態のほうが圧倒的に多い。

建前上は、一二点満点を完全一致としていても、なかなかそういう条件を満たさないことが多い。だから現実的には、一〇ポイント以上を一致と見なすことになっている。

ここで、帯谷氏が「一〇カンマ」と言ったのは、正確には「一〇ポイントプラスアルファ」ということなのである（一ポイントのなかに一〇の段階があると考えていただいていい）。だから、この一〇カンマなる言葉にたいする私の感慨はひとしおだったのだ。一〇カンマということは一〇を超えているのだから、つまりは一致と見なしてまったく差しつかえないということを私は知っていた。

失踪ベトナム人が滞在していた部屋に、世田谷の事件で採取された指紋が残っていた。ベトナム人が失踪したので、研修の責任者はとるものもとりあえず、警察に通報したのだろう。さあ、これから帰国させるぞ、という段階になって、研修生に失踪されたのだから、なんらかの責任問題になる。それで警察が、さっそく捜索に乗りだしたにちがいない……。

それで、失踪ベトナム人が最後にいた部屋を割りだして（それはそう難しい話ではなかろう。同行している責任者なり、研修生らに聞けばすぐにでもわかることだ）、そこに、指紋があった。指紋というのは、分泌された皮脂の状況からある程度、新旧がわかると聞いている。それで、おそらく一番新しいものがベトナム人のものであったり、あるいは、世田谷で遺留されたものであったのだろう。

その最後の部屋には、失踪ベトナム人と世田谷の事件のホシが共にいたにちがいない。彼らは間違いなく、つねに仲間を求めている。おそらく世田谷のホシは、これから帰国しようとしているベトナム人にたいして、彼らの〝仕事〟をもちかけたにちがいない。

それにしても〝求人〟者は、アジア系の若者がゴソッと日本に来るような、そんな情報をじつに的確につかむものだ。いったいどのようにそういう情報を入手しているのか……。彼ら犯罪集団、さらにいえば、〝求人〟者の情報収集力は、世田谷の事件でもじつに大きなキーワードになる。ただ、そのときは、そこまで考えが及ばなかった。

〝ちょっと待てよ、ベトナム人の指紋《モン》はどうやってわかったんだ？　帯谷氏は、問題の指紋の主が、ベトナム人だったとは言っていない……。彼らが最後にいた部屋から世田谷と同じ指紋が出た、と言っただけだ。それはつまり、その指紋の持ち主がベトナム人ではなかった、ということだ。これはどういうことだ？　指紋の検出のときに国籍などわかるはずもないしな……〟

私は一人、苦笑してしまった。指紋から国籍や人種を割りだすことができれば、その方法を編みだした人間はノーベル賞ものであろう。帯谷氏は「どうした？」という問いかけの目をしたが、それを言葉にはしなかった。こういうとき、私が何もしゃべらなくなること、何かわからないことがあったとしても決してそれを訊くようなことはしない、ということを知っているのだ。帯谷氏は、さらにもう一本の煙草に火をつけると、私に目配せをして、席を立った。

最後の部屋となった品川プリンス？　いや、そんなはずはない。たとえそこで全部の指紋を比較対照してみたところで、それらが失踪ベトナム人の指紋かどうかなどわかるはずもない。そうなるとやはり……。私の思考は堂々めぐりを繰り返す。ふとテーブルの片隅に目が行った。そこには「期間限定、牡蠣フライ　北海道厚岸《あっけし》産の牡蠣をぜい沢に使った……」などと書かれていた。「このメニューは一二月からか……」。師走まであと数日残されていた。

〝わかったぞ！　ベトナム人の指紋は、研修地で採取されたものにちがいない。そこならば、失踪者がどの部屋にいたかわかっているはずだ。生活の匂いだって残っているにちがいない〟。牡蠣で有名な厚岸は、釧路から根室方面に向かって東に五〇キロほど行ったところにある漁港である。

私はこの時点で、ようやく帯谷氏がもたらしてくれた特級の情報に安堵を感じた。公安特有のバイアスがかかった情報かどうか、それだけは、どこかで抑えを効かせておかねばならない。帯谷氏のことを信用していないわけではなく、彼の先にいる情報源とでもいうべきところが最初からバイアスをかけていれば、それはそのまま、私のところに、当局情報ということで配信されてしまう。こちらは、それをつねに忖度《そんたく》しなければならないのだ。

私は居ても立ってもいられなくなった。携帯電話で航空会社のサイトを引っ張りだして、すぐに釧路便の一席をリザーブした。そして、その日、夜七時半には釧路のホテルにいた。

釧路海底炭鉱のベトナム人研修生

窓から望む太平洋、隣接する美術館、点滅を繰り返す灯台の灯火……。この時期の夜の釧路はいかにも侘びしい。薄く、そして遠く聞こえる霧笛《むてき》までが風景と同じトーンだった。明日朝一番で取材しなければならない太平洋炭鉱の位置を、まずはたしかめておかなければならなかった。釧路空港で地図を購入していたので、それをさっそく、テーブルに広げた。この炭鉱は、北海道第四の都市釧路において、漁業、紙パルプと並んで市を支える基幹産業であった。

つい先日まで、件のベトナム人研修生たちが滞在していた太平洋炭鉱は、釧路市の東側に拡がる。本社機構など一部だけ陸地にあるが、坑道は太平洋に沈んでいる。つまり海底炭鉱なのである。私は、海底炭鉱に、トロッコに乗って斜坑をしだいに降下していくベトナム人研修生の心境を自分なりに慮ってみた。

トロッコが進むほどに暗く、そして寒くなる。その寒さは、やがて心まで凍らせるような冷たさに変わっていく。陸上にいるだけでも寒いこの地において、海の底の寒さというのは、おそらく私の想像をはるかに上回るものであろう。遠くベトナムからやってきた研修生たちは、この地で暗黒に向かってまっしぐらに進むトロッコに乗りながら何を思ったのか。

日本にやってきて、まわりを見ると、たしかに彼らよりはるかに裕福そうな生活を誰もがしている。彼らはその光景を見ながら、おそらく母国よりももっと劣悪な環境のなかで、黒い石を掘る。光など絶対に当たらない海中での時間が、彼らの生活のほとんどを占めている。あとは、この老朽化した炭鉱事務所である。その日の研修が終われば、事務所から二〇〇メートルほど離れた寮が彼らの塒《ねぐら》となる。炭鉱研修生として、夜も勉強しなくてはならないのだが、おそらく、彼らはこの寮の一室に帰ると、自分にあてがわれたベッドに倒れ込んでしまうであろう。

そのような環境に置かれた彼らが、もし、誰かに何かをそそのかされたとしたら……。犯罪の動機など、じつはとても簡単、明瞭であることが、現実の事件をこれまで万度取材してきた私には、わかりすぎるほどわかるのだ。推理小説のように理路整然とした動機など、現実にはあまり存在しない。きっかけさえあれば、誰もが危険な犯罪者になりうる。ベトナム人研修生の心がどこへどのように傾いていくのか、私はこの釧路に来て、まるで手にとるようにわかったのである。

その時期、もう冬支度に入っていた釧路にある海底炭鉱は、文字どおり、荒涼をそのまま情景としてそこに映しだしていた。背丈のない植物、ところどころに垣間見える薄茶色の岩肌、そしてそれらを添景とする地盤は、緩やかな崖となって煌めく太平洋に滑り落ちる。ただ、その太平洋も湘南海岸あたりのにぎやかなさんざめきはまったく見られない。冷たい光に覆われ、静かに凪《な》いでいた。

そして、その荒涼たる崖の麓に扇状に拡がっているのが、太平洋炭鉱であった。一本道に続く敷地内には、無機質な建物が散在している。研修生や従業員らの寮だろうか。いかにも殺風景だが、建物自体は新しいようだった。敷地内の舗装された道を進んでいくと、それまでの建物とは打って変わって木造二階建ての古い建物があった。年代物のようで、正面二階窓にとりつけられた破風《はふ》などは、ちょっとばかり洒落ている。往時を偲ばせるような建築付属物である。

その建物が敷地内道路のドン突きにあり、この炭鉱の本社屋となっていた。社屋の入口は二間幅の木製の引戸だった。アルミサッシなどではないガラス窓がはまっている。引戸を開けてなかに入ると、いっぺんに汗が噴きでるほどの蒸し暑さだった。ガラス窓はドアに限らずみな曇っている。

昔の学舎のように、各部屋のドア上部には札が掲げられ、それぞれ、何の部屋であるかを示してくれている。一番手前は炭鉱資料室だった。その次の部屋はかなり広い。札を見ると、そこが従業員の食堂だった。かすれた曇りガラスの隙間からなかを覗くと、壁一面にメニューの札が並んでいる。醤油ラーメン、カレーライス、カツ定食、煮魚定食、ショウガ焼き定食……、ジンギスカン定食なんてものもあった。この広間が彼ら炭鉱夫の憩いの場であろうということは、そこを一瞥してすぐにわかった。

一日の半分以上を暗く寒い坑道のなかで過ごすだけでなく、そこでは採掘という単純で過酷な作業に没入せざるをえないのだ。私は、そうした生活を母国より遠く離れたここで毎日繰り広げなければならなかったベトナム人研修生らの心境を、あらためて考えずにはおれなかった。

食堂の次の部屋が、本社総務部となっていた。私は、そこの部屋の引戸を引いて、おもむろに取材をしたいと申し出た。一斉に私のほうを振り向いた部員のなかで、「なんでしょうか?」と言って、席を立った者がいた。それが同社の総務責任者だった。いわば取材の窓口でもある。

「お尋ねしたいことは一点、お手間はとらせません」。私はさっそく、その男性にこう切りだした。「じつは、ついこのあいだまでここで研修を受けていたベトナム人一行のなかで、帰国寸前にいなくなった者がいますね? その人のことをお訊きしたいのですがね……」

「たしかに、そういう者がいた、という報告は受けましたが、（失踪については）当社はなんの関係もありませんよ。あれは、東京での話ですからね……。ああ、そうですか、そうですか、それならいいのだが……。いやいや、まず、それがわかっていらっしゃるか、確認しておきたかっただけです。それで、どういうことをお訊きになりたいのですか?」

総務責任者は、私をいかにも胡散臭そうに見ながら、早口でこう言った。

「あの失踪した研修生というのは、この敷地内にある寮か何かにいたわけですね?」

「そうですよ、それが何か？」

「そこに、失踪後ですね、警察が来なかったかと……」

「警察、ですか？」

「そう、警察が失踪者の滞在していた部屋なんかを調べに来ませんでしたか？」

途端に総務責任者は歯切れが悪くなった。

なるほど、口止めされているな……。私は直感的にそう思った。もう、これ以上訊くことはない。警察、いや間違いなく警視庁は、ここで失踪ベトナム人の指紋を採取したのだろう。それを品川プリンスの宿泊部屋、つまり、彼らがなんらかの相談事をするために集まった誰かの宿泊部屋から採取した全指紋（それももっとも新しいもの）と照合したにちがいない。

照合して最後に残された、ベトナム人のものとは絶対に異なる指紋こそが、世田谷の事件でクッキリと残されていた指紋と合致したのだ。私は、これで合点していた。この総務責任者の言うべきか、言うまいか全身を震わせながら躊躇している態度を見ただけで、ここ釧路に来た意味があったと思った。

「ところで、ここは、今年いっぱいで閉山、というか閉鉱すると聞いていますが？　いったいどうなっちゃうんですか？　これだけの施設は」

「とんでもない思い違いです。ここはまだまだ運営していきますよ」

先ほどの狼狽ぶりとは打って変わって、今度は、ほとんど気色ばむような勢いで、私の問いかけを否定した。

「しかし、公式に発表していたようですが……」

「違いますね。あれは勝手にお役所が言っているだけにすぎない。ここの従業員はみんな、ここが閉鎖されるなんてことは思っちゃいませんよ。役所の発表そのものが間違っているんです」

なんとも断固とした言い方である。どこかの労組の委員長みたいな言い回しだった。しかし、私にとっては、それは今のところどうでもよかったのである。あまりに早く結論を引きだせたので、まずは満足していた。ドアのほうに踵《きびす》を返すとき、はじめて私はかなり汗をかいていることに気づいた。部屋のなかをあらためて見回すと、写真でしか見たことがない大きなだるま型のストーブの火力が全開だった。

さすがに外に出ると、空気が冷たい。凍っているようだった。坑道に続く引き込み線が鈍い光を見せていた。坑道はたしかに海底に向かって口を開けていた。何か異様な感じがする隧道《ずいどう》だった。そこに入ると二度と陽の目を見ることができないような、そんな気にさせられる入口だった。

私は、思いたって携帯している小型カメラで、そのあたりの状態を撮影した。すると一台の小型トラックがかなりのスピードで近づいてきた。私のすぐ脇で止まったトラックから出てきたのは、つい今しがた私に応対していた総務責任者だった。

「あの、撮影は一応言っといてくれないと。規則なんでね」

「ああ、そう。しかし、悪用したりしませんよ。もう帰ります」

「ハア。アア、あの……さっきの話ですね。表向き、警察は来なかったと思ってください。言いたいことはそれだけですから」

総務責任者は、そそくさとトラックに乗り込んで、先ほどの本社事務棟に戻っていった。私はより自信を強めた。私の探索が、まず間違いない方向に進んでいることを実感しながら釧路をあとにした。

公表されなかった指紋情報

失踪したベトナム人研修生と世田谷の事件の下手人との関係は、少なくとも私のなかでは明確になった。警察がこの点についてどのような見解をもっているのか、それはまったく意に介す必要はなかった。

たしかにもたらされた情報は、当の警察が出元となってはいよう。その情報（具体的証拠）を、警察がどのように解釈し、あるいはどのように活用し、捜査の展開を図っていくかは、それこそ警察側の問題である。

ただその後、警察からは、品川プリンスホテルの部屋から刮目すべき指紋が検出された、というような発表はなかった。それが公表されれば、おそらく大騒ぎになっただろう。しかし、それがなされなかったということは、警察がこの検出されたきわめて重要な物証について、首尾よく捜査に活用できなかったことを裏付けている。

　捜査においてなんらかの不都合が生じた場合、警察という機構は一切、情報提供をしてこない。いってみれば、恥を外にさらしたくない、という心理がはたらくということであろう。今回の場合などその典型かもしれない。誰が見ても大いなる捜査の進展を図れるような物証が出てきたにもかかわらず、それを結果的には、もてあましてしまったのである。

　これが逆であれば、つまり、ずばり犯人に行き着く資料として活用できることがわかった場合であれば、おそらく大威張りで「じつは……」などと前置きしながら、ブラ下がるマスメディアに積極的に情報リークをしてきたであろう。常日頃は「捜査上の極秘事項」だの、「(われわれ警察官には)保秘義務があるから……」などという常套句を用いる彼らが、である。だから私は、警察の捜査動向に自分の探索を絡めることを自ら禁じているのだ。警察側の都合に振り回されたくないのだ。

　マスメディアは、警察が少しでも事件にたいする関心を失ったときなど、それを敏感に感じ、自分たちも速やかに取材の意欲を喪失していく。踵を接して起きる新事件にその興味はとっとと移っていくのだ。警察などにブラ下がっているクラブ詰めの記者から「あの事件は、もう終わったよ」と、何度したり顔で言われたことか。警察にしても、それを取材するマスコミにしても、どのような事件にたいしてもこの程度の心得しか抱いていないのである。

しかし、事件の当事者（被害者）にとっては、たとえ犯人が逮捕されたとしても、その犯人が起訴され、裁判にかけられたうえで、重刑が科せられることが確定したとしても、それでも、事件は終わらないのだ。

この被害者の心情はおそらく誰にもわからないものであろう。しかし、その事件に捜査というかたちでも取材というかたちでも接するならば、ほんの少しでも被害者（場合によっては加害者のこともありうる）の心の深淵に目を向けなければならないと私は思っていた。だからこそ警察側が採取したはずの指紋について、私なりに独自に掘り下げてみようと思ったのだ。

第4章　メンバーとの接触

通訳エージェントの人脈

すでに二〇〇一年は師走に入って半ばを過ぎていた。そんなとき、ある人物から連絡があった。川勝（仮名）という人物だった。川勝氏は一言でいえば、通訳専門の口入れ屋である。世界中のほとんどすべての言語と日本語とを通訳できる人をつねに自分の掌のなかに抱き込んでいる。欧米の言語はいうまでもないが、この人の強みは、アジア系言語の通訳を多数、抱えていることである。

中国、韓国あたりは当たり前だが、タイ、スリランカ、イラン、バングラデシュ、フィリピン、果てはチベット系の言語にいたるまで、それらと日本語とを縦横に通訳できる人を多数抱えている。当然のことだが、通訳だからそれらの言語を日本語に訳さなければならない（もちろん、その逆もあるわけだが）。それら二つの言語を扱える、いわば希有と思えるような人材を、この川勝氏はどういうわけかちゃんと確保しているのだ。

私も川勝氏の世話になったことは万度ある。とくにイスラム圏の人への取材などでは、川勝氏から紹介してもらったイラン人やイラク人などが、私にかわって丁寧な取材をしてくれたものだ。川勝氏がいなかったら、現地の貴重な情報はついぞとれずじまいであったろう。

その川勝氏に私はちょっとした頼み事をしていた。もちろん、世田谷の事件の探索にかかわることである。

「ようやく見つけました」。川勝氏は、挨拶もそこそこに、さっそく、用件を切りだした。私は、もう興奮していた。川勝氏の見つけてくる人材はおそらくこちらが望んでいるツボを外していないであろう。私は電話を切って、すぐに恵比寿にある川勝氏の事務所に向かって車を走らせた。

それにしても川勝氏の手際のよさ、人脈の広さにはいつも感服させられる。こちらの無理難題をいとも簡単に（本人はこちらが思うほど簡単とは思っていないかもしれないが）叶えてしまう。まったくありがたいことだ。しかも見返りなど一切要求してこない。

もちろん、こちらが通訳や翻訳の正式なオファーを出すときは別である。私は、そのときは、少々の色をつけて請求してくるように川勝氏にお願いしている。このあとのことだが、ブッシュ米国大統領によるイラク空爆が始まったとき、私はいち早く川勝氏に連絡して、在日のイスラム圏人を調達してもらうことにした。川勝氏はすぐに私の要望にうってつけの人物を連れてきた。それはイラン人だったが、そのイラン人のおかげで私は、日本にいながらにして、そのときのイラクの現状や、あるいはブッシュのターゲットとなっていたオサマ・ビンラーディン氏の動向などを誰よりも早く知ることができた。つまり、私たちはこのように、お互いもちつもたれつ、といったところで、それぞれのビジネスをしている、ということである。

空には雲がかかりはじめ、もしかすると夜半には、雪を降らせるような気配が充満しはじめている。

「やあ、齊藤さん、こっちです……」。自動ドアが開くやいなや、店に入った私を目ざとく見つけた川勝氏が奥のテーブルから立ち上がって手を振った。

「こちら、クァオ・ヴァン・チュー（仮名）さんです。ええと、彼は、カシューナッツやゴムなんかを日本とベトナムのあいだでやりとりしているんですよね？」と言いながら、最後のほうは、そのベトナム人を見ながら、たしかめるように言った。相も変わらず挨拶抜き、である。

川勝氏が言うように、日越間の貿易において、とくに日本側が輸入するアイテムでは、カシューナッツやゴム、イカなどが主力と小耳に挟んだことがある。私が警戒しないように、差し障りがない部分だけをまずは紹介してきたな……。そう思ったりしたが、それより、私の目の前に立っている若い男性のほうに興味が向いていた。地黒だが、歯はとても綺麗である。背も高く目も大きい。眉が濃く唇が厚い、まさしく南方系特有の顔つき、それもおそらくハンサムの部類に入るであろう。

そんな青年だったが、私が驚いたのは、その若さだった。おそらく二〇代半ば、といったところではないだろうか。クァオ・ヴァン・チュー氏は、私に手を差し伸べながら「はじめまして、私、クァオ・ヴァン・チューです。川勝さんの言うように日本でベトナムとの貿易やっています」と言った。

私はこれで二度驚かされた。日本語もじつに流暢なのだ。こちらは、ベトナム語で一から一〇まですら数えられない、というのに。

「ハハハ、齊藤さん、この人はまだ日本に三年しかいないのですよ。だけど日本語上手でしょう? たしか、二六(歳)だったよね?」川勝氏が口を挟んだ。

「ハイ、二六になります」

「この若さで日本とベトナムとの橋渡し事業をしている。なかなか見上げたものです」

このベトナム人、たしかアンダーグラウンドという触れ込みだったはずだが、そこは川勝氏である、如才がない。そのようなことは本人の前ではおくびにも出さない。それにしても、橋渡し事業とは、なかなか言いえて妙である。

私は自己紹介しながら、クァオ・ヴァン・チュー氏をあらためて仰ぎ見た。どこから見てもまっとうな青年実業家としか見えないが、やはり目は鋭い。独特の光を放っていた。

「さっそくなんですけれど、ついこのあいだ、北海道と長崎に行っていたベトナム人研修生が三人いなくなっちゃったんですがね、ご存じですか？」

私も川勝氏ばりに、単刀直入に用件を切りだした。

「ハイ。知っていますよ」。いとも簡単にそう言った。ただし眼光はさらに鋭くなっていた。

なぜ、そのようなことをいきなり私に訊くのかと、その目は言っていた。

私はその眼光をはねつけながら「彼ら、どこへ行ったのでしょう？」とたたみかけた。クァオ・ヴァン・チュー氏は、今度は、川勝氏を横目で見ながら〝どこまで話していいのか？〟と問うていた。

川勝氏は「クァオさん、この人ならば絶対に大丈夫、信頼できる人ですから。知っていること、なんでもお話ししてやってください。オーケー？」と口に出して言った。それを聞いて安心したように、今度は私のほうに向き直った。そして一直線に私を見ながら話し始めた。

川勝氏は「ちょっと……」と言って、携帯を胸ポケットからとりだし、そのまま店の外に出ていった。じつに気の利く人物である。

「齊藤……さん、でしたね？　私は彼ら三人が今、日本のどこにいるか知っています。うち二人は、今、私の仕事をこの東京で手伝っていますよ」

「なんだって！」私の声の抑制が外れた。あたりの客が一斉に私たちのテーブルのほうを振り向いた。私は慌ててその場をとりつくろうと、声を極端に細めて尋ねた。「クァオさんのところに、脱走、いや、あのベトナム人研修生の人がいるのですか？」

「私のところにいる、というのは、正式ではありません。私の仕事のお手伝いをしているだけです。ただ、この東京にいるし、私は彼らのアドレスも知っています。もちろん、連絡もとれるんですよ」

「あの、差しつかえなかったら、これからでも彼らとちょっとばかりお話をしたいのですが、それは大丈夫ですか？」

クァオ・ヴァン・チュー氏は、一瞬、考え込んだが、すぐに顔をあげて、「It's O. K. Right now!」と言った。

川勝氏は戻ってこなかった。私の心ははやった。すぐにこの青年と失踪ベトナム人のもとに行きたい。そのとき、私の携帯電話が鳴った。「齊藤さん？　ごめんね、ちょっと急用ができたものだから、この足で、事務所のほうに戻るわ」

川勝氏からだった。「了解。川勝さん、恩に着ます」

「ミスター川勝からですか？」クァオ・ヴァン・チュー氏は訊いてきた。

「そうです。ここにはもう戻らないとのことです」

「そうですか。それでは行きましょうか？」私は素早くレシートをとった。よく見ると川勝氏は何もオーダーしていなかった。

しかし、このベトナム人は川勝氏に何を言い含められていたのか？　初対面の私の尋常ではないリクエストにあっさり応えてくれる、という。これは、私の思いがなせる業ではあるまい。となると、川勝氏だが……。川勝氏に借りでもあるのか。それとも川勝氏の人望？　レジで支払いをしながら私はこんなことを考えていた。彼らのあいだにどのような経緯があってもいい。とにかく、あの失踪ベトナム人に会えるのだ。それで私は納得することにした。

失踪ベトナム人インタビュー

私の車に乗ってすぐに、クァオ・ヴァン・チュー氏は「渋谷方面に行ってほしい」と言った。そう言ったあと、携帯電話をとりだした。電話はすぐに通じた。車は、明治通りに出て、渋谷方面に向けて走りだした。師走の午後だったが、意外に流れていた。

「○×△●」。ベトナム語である。まるで怒ったような話し方だと思ったが、こう思うのは、何もベトナム人にたいしてだけではない。韓国人などは普通の会話をしていても、私には怒鳴りあっているように見える。クァオ・ヴァン・チュー氏は、数秒で電話を切った。「原宿の喫茶店に来るそうです。行ってみましょう」

原宿の店はこのまま明治通りを北上すればよい。先ほどまでの雲行きは、一時間少々経過しただけなのに、さらに怪しくなり、白いものがほんの少しずつ降ってくるようになっていた。それでも私の気持ちは少々浮かれていた。

待ち合わせをした原宿のコーヒーショップに「彼」はすでに到着していた。よく見ると、濃いエスプレッソの紙コップまで手にしていた。電話のあと、すぐにここに来たと思われる。電話を切ったあと、意外に道が混雑して、ここに来るまで三〇分は要してしまったのだ。それでも、もうそこに来て、自分の好きなコーヒーまでオーダーし、なおかつ煙草を一本吸い終わっているとなると、「彼」の居所は、この界隈であろうか。私は想像を張りめぐらせた。

クァオ・ヴァン・チュー氏よりも幾分背が低いが、痩身で、まるで鞭のようにしなやかな体軀である。目が大きく、眉が濃い。加えて肉厚の唇というベトナム人の特徴的容貌はきちんと備えていた。クァオ・ヴァン・チュー氏と兄弟と言われても誰も疑わないであろう。

その「彼」に向かって、クァオ・ヴァン・チュー氏は、じつに気軽に、ベトナム語で挨拶を投げかけた。

「彼は、ド・シアン・レン(仮名)といいます、齊藤さん」

にこやかな相好を崩さずに、しかし終止、光らせている目はそのままで、私に「彼」を紹介した。そして今度は「彼」のほうに向き直り、ベトナム語で「ミスターサイトウ、ジャーナリスト……」と言った。

「彼」ことド・シアン・レンは、私に警戒心丸出しの目を向けながら、それでも、一応、黙礼した。

「彼が、例の研修生です。日本語は一切喋ることができません。私が、齊藤さんのお訊きしたいことを彼に伝えます。だから私があいだに入っていなければ彼へのインタビューはできません」

「それで結構です。私がお訊きしたいことはですね……」

それが、過日、二〇〇一年一〇月、品川プリンスホテルから姿を消したベトナム人炭鉱研修生の一人、ド・シアン・レンへの文字どおり、最初の接触だった。

そのコーヒーショップでのインタビューは、じつに二時間半に及んだ。その間客が、一二、三回は入れ替わったはずだ。ド・シアン・レンは八回、クァオ・ヴァン・チュー氏は三回、濃いエスプレッソをお代わりした。ベトナムからの重要輸入品のなかにコーヒーがあることを、そのとき不意に思いだした。

ド・シアン・レンの話は、私にとって衝撃だった。このド・シアン・レンの話のなかで、とくに私に衝撃を与えたのは次のことである。

まずなんといっても、この男、ド・シアン・レンは、世田谷の事件のホシと会っている。国籍が本当に正しいのかすら実際にはわからないが、中国籍を名乗る男、それに、韓国籍を名乗る男と実際に会っているのだ。これら、どちらかの男がホテルの部屋に残された世田谷事件と共通する指紋の持ち主という可能性は非常に高い。

ド・シアン・レン自身も、私が追いかけている、外国人留学生や研修生によるクリミナル・グループの一員であり、そして、現実にこの日本に潜伏している、という事実にも目を剝いた。

これだけでも充分グロッキーにさせられるが、そればかりではない。そのうえ、である。釧路での状況やグループからの勧誘があったという事実、これはかつて私が想像していたものとほぼ重なりあっていた。私は釧路で見て感じた光景から、彼ら海外研修生の心境を慮ってみたものだが、それがまさしく肯綮《こうけい》に当たっていたのだ。

私は、彼らクリミナル・グループの真の犯罪動機に迫ることができたような気がした。ド・シアン・レンのほとんど装飾のない、剝きだしの話は、彼らがもつ共通の動機というものを如実に語っていた。この心境を当事者本人から直接聞く、ということを体感しなければ、彼らクリミナル・グループによる犯罪は、絶対に理解できない、解決しない、と確信させられた。

動機の根本は、間違いなくカネである。これをありきたりな結論とせせら笑うことは絶対にできない。それは、おそらくつねに傍観者としてしか生き続けられない人の反応であろう。カネへの執着は、人間という動物が永遠に抱え続けなければならない本能部位に帰属するもので、まさしく究極の結論なのだ。

その究極の結論を支援しているのが、ド・シアン・レンが私に語った、日本という国にたいする憧憬と憎悪であろう。ここに残酷な犯罪に彼らを駆り立てる動機と原因が芽生え、そしてそれは、まるで、温室栽培の果実のように日々、驚くべき成長を遂げていく。私は、いくつかの具体的な心証を得始めていた。

①国籍混合の留学生グループ、それも犯罪を行なうために結成されたグループの存在。
②それらグループが全国各地にあって、これが心細い生活を日本で強いられている彼らの精神的支柱にまでなっているということ。
③②に重なるところもあるが、この各グループはいついかなるところでも、あるいは初対面でも同じ匂いを嗅ぎ分けて行動を共にする暗黙の了解が成り立っているということ。
彼らの離合集散の機敏性。
ならびに、
④留学生による犯罪グループの精神性。日本にたいする歪んだ思い。
⑤極端な拝金主義（彼らが犯す犯行の九分九厘九毛はカネ目当てという側面）。
この④⑤の項目は、クリミナル・グループの犯罪における明確な特徴であり、これが彼らの動機なのである。

ド・シアン・レンからの証言を得て、私の探索は、いきなり数ステップの跳躍をしていた。

自分の向かっている方向に誤りがないことを彼の証言が裏付けてくれたことを確信していた。

しかし、探索のステップアップは、それだけにとどまらなかった。

ド・シアン・レンから話を聞いてから一週間ほど経過したある日、あのクァオ・ヴァン・チュー氏から直接、連絡があった。

「齊藤さん、このあいだはありがとうございました。ところでね、このあいだのド・シアン・レンと同じポジションにいる男がいますね。それを齊藤さんに紹介したくてお電話しました」

あまりにありがたい申し出に、つい携帯電話をもったまま、お辞儀をしてしまった。

「その男には私から話をしています。齊藤さんが何を訊きたいのか、私はよく知っているから、それをその男に話しましたら、オーケーですって。ああ、川勝氏にはちゃんと言っておりますから、齊藤さんが、いちいち気にすることはありません」

私は、この予期せぬ申し出を聞きながら、一人笑っていた。

「クァオさん、とても嬉しいですよ、できればそのお話、今からでも、お受けできますよ」

「そうですか、いいでしょう。今から一時間後、東急百貨店の本店、おわかりですか？ その一階出入り口で待ち合わせいたしましょう」

私は、駅の時刻表を眺めなおした。次の東京行き快速に乗れば、なんとか間に合う。逆算してそれを確認した。そのとき、私は都下立川にいた。

時間どおり、東急百貨店の本店一階に着いた。クァオ・ヴァン・チュー氏の姿が見えない。クァオ・ヴァン・チュー氏の几帳面さは、先のド・シアン・レンの取材のときに確認済みである。彼を私に紹介した川勝氏以上に几帳面なイメージだったのである。

もはや、彼がアンダーグラウンドであるかどうかなどは、私にとってどうでもいいことだった。彼が几帳面で、しかも私のライフワークにしようとしている課題に、大いに協力してくれている、という事実だけで充分である。ベトナム人は、日本人に負けず劣らず勤勉と同国を知る多くの人からの評価があるが、私はその一般的評価をこのクァオ・ヴァン・チュー氏を通じて素直に信じるようになっていたのだ。

にもかかわらず、クァオ・ヴァン・チュー氏は、そこにいなかった。約束の時間を約三分オーバーしている。ふと見ると、東急百貨店一階のディスプレイには、クリスマスが満載されていた。今日は、クリスマスだったか……。ボンヤリと考えた。そのとき、私の肩が、誰かにポンとはたかれた。

「やあ、お待たせしましたね。申し訳ありません。車が混んでしまいまして……」

クァオ・ヴァン・チュー氏だった。前回は、かなりカジュアルな服装であったように記憶しているが、今日は濃紺のスーツを着ていた。このほうが、アンダーグラウンドの人間に見える。私は笑いながら「全然、待ってなんかいませんよ」と答えた。

「その先に私の車を停めています。乗ってください。私の車で行きましょう」

東急百貨店本店前にあるスクランブル交差点のすぐ脇に黒のジャガーが停まっていた。クァオ・ヴァン・チュー氏は、その運転席に高い背を折り曲げるようにして、スルリと身体を押し込んだ。

「いい車ですねェ」。あたふたと助手席に乗り込んだ私は、ついこんなことを言ってしまった。

「ガソリンは多く食べます」とクァオ・ヴァン・チュー氏が応じた。

「これから会う人は、このあいだのド・シアン・レンさんのお友だちなんですよね？」

「そう、あなたの探している、例のベトナム人、大脱走した若者……」

私は思わず笑ってしまった。「大脱走」とは……。しかし、「大脱走」から連想して、私は、ついハッとなった。脱走ということは、とどのつまり、犯罪者ということになりはしないか……。

この男は私に、そのような脱走者を、こんなに気前よく紹介していいのであろうか？　川勝氏からこのクァオ・ヴァン・チュー氏を紹介されたときにも同じような疑問に突き当たったものだが、こうしてまた別の脱走者を引き合わせてくれる、という彼に、あらためて疑問が浮かびあがった。

「その、これから引き合わせてくれるというベトナム人研修生は、名前はなんというのですか？」

「名前？　オオ、そうね、彼は、フー・ビャン・クオ（仮名）といいます。前のド・シアン・レンよりも三歳くらい若いのかな。前に言ったとおり、今は彼ら二人とも、私が仕事で使っているのですよ」

しかし……、私はうなずきながら思案した。使っていると言うけれど、社員ではないとか言っていたな。脱走者をこうも簡単に「使っています」と言うのもどうなのか。これは私のことを全面的に信用している、ととっていいのか……。

そんな私の心中を見抜いたように、クァオ・ヴァン・チュー氏は言った。

「もし、齊藤さんが、彼らのことを誰かに告げても、私はちっとも困らないのです。そんな人は雇ってもいなければ、そんな人の寝場所だって知らない、とその誰かには言いますからね。だけどボクは、齊藤さんが彼らのことを誰にも言わないことを知っていますよ。これ、齊藤さんのスクープですもの。齊藤さんがせっかくつかんだスクープを誰かに告げて台無しにするはずないものね……。川勝さんからもよーく言われています。私たちの国だって、いくつかの新聞でスクープのとりあいやっています。ボクは自分の国で、小さいけれど新聞社もやっているから、齊藤さんのことはよくわかっているのです」

こんなことを言って、彼は一瞬、私のほうを向いて、ニヤッと笑った。彼が、自分のことをボクと言ったのはこのときがはじめてだった。彼の話は続いた。

「もちろん、これから齊藤さんにもいろいろ助けてもらうことがあるはずです。とくにどんなことか、ということは私にもわからないけれど、ネ。だから、ボクが齊藤さんに、知り合いを紹介するのは、そんなに不思議なことじゃないんですよ」

　私はすべてを納得したわけではないが、まあこのようなものかな、と思った。何もかもガラス張りでないと気がすまない、という考えは、私にはない。やがて車は、渋谷・ファイヤー通りに入っていた。渋滞を避けようとしたためか、通りに入るときは明治通りからガードをくぐった。

　彼は路上の三〇〇円パーキングに車をつけると、歩道に出て坂道を下り始めた。私はそれを追いかけるようなかたちとなった。消防署の二、三本前の路地を右に曲がると、今度は坂道を上り始めた。かなり急である。その坂道を少々上がったところに、無国籍料理などと書かれている小さなレストランがあった。

　その店のなかは真っ暗だった。そのレストランのドアを彼はグイと押すと、私を招き入れた。スパイスの匂いが充満している薄暗いレストランの片隅に、その男はいた。片隅のテーブルに一人ポツネンと座っていたのは、小太りで眠そうな目をした男だった。

「彼がフー・ビャン・クオです。私が通訳しますので、インタビューをしてください」

　クァオ・ヴァン・チュー氏が、大きな声を出した。そう言ってから彼は、フー・ビャン・クオが座っているテーブルのそのまた奥にある厨房らしきところに向かって「カオバン茶、それから、あとでカインチュア（魚介類の甘酸っぱいスープ）とブン・ボー・フエ（フエ風ピリ辛ビーフン）をもってきてくれ」と半ば怒鳴った。こういうときのクァオ・ヴァン・チュー氏には、たしかにアンダーグラウンドの人間らしい雰囲気があった。

フー・ビャン・クオは、イメージどおりの小さなボソボソとした声で自己紹介したあと、問わず語りに話し始めた。私は楽だった。矢継ぎ早に質問を繰り返す取材は慣れてはいるが、やはり疲れる。そういうときは往々にして、実のない話が無惨にも積み重ねられるものなのである。

しかし、彼の場合は違った。クァオ・ヴァン・チュー氏からの〝指導〟がよほど行き届いているのか、風貌も声もボソッとしたこの男が、こちらがほとんど質問らしい質問もしないのにもかかわらず、訥々と話し始めたのだ。それも、実がないどころか、私が訊きたかったことをすべて、である。フー・ビャン・クオの話は約三時間に及んだ。

その無国籍料理の店を出るとき、私は興奮していた。外に出て寒いはずなのに、顔が火照っていた。少量の雪が降りだしていた。

クリミナル・グループへの勧誘

私は二人の若きベトナム人の、特級で、おそらく誰も聞くことのできないモノローグをわずか半月のあいだに立て続けに聞くことができた。そして、それは、世田谷一家殺害事件の調査・探索において、即戦力的な血肉となった。

ここで、これまで取材や証言等で判明したところを整理してみよう。

世田谷一家殺害事件が起きて一〇カ月以上が経過した二〇〇一年一〇月半ば、北海道釧路市にある太平洋炭鉱と長崎県長崎市外海《そとめ》地区（旧・西彼杵《にしそのぎ》郡外海町）にある池島炭鉱にそれぞれ炭鉱研修生として来日していたベトナム人計三人が、帰国寸前、どこかに失踪してしまった。

彼らは、三カ月の研修を終えて帰国するため、それぞれの研修地からいったん東京に集合していた。それは帰国前の二泊三日、東京見物を兼ねた研修の反省会と打ち上げをするためである。

彼らの宿泊地は、品川駅前に佇立する品川プリンスホテルだった。総勢一〇〇数名。いずれも一〇代後半から二〇代前半の若者たちだった。

ベトナムでは一〇年以上も前からドイモイ（刷新）と称する自由経済への積極的転換政策を大々的に取り入れている。ベトナム戦争以降徹底して敷かれた共産主義政策からの一大転換期を迎えているのである。そうした政策の一環として、この炭鉱研修生の派遣が行なわれた。炭鉱における技術力は、なんといっても日本がなみいる先進諸国を尻目に当代随一を誇っている。

資源採掘のためのあらゆる技術が、この石炭に費消された。石炭事業を主力とする企業はある時期、日本の基幹産業として君臨していた。それは戦後においてもしばらくは変わりなかった。住友石炭鉱業、三井松島産業、あるいは北海道炭鉱汽船といった企業は当時、もっとも羽振りがよかった。こうした企業を中心に、こと石炭に関してはどこの国にもない技術とノウハウが育まれた。今はこれらの企業は見る影もない。会社更生法を適用した会社すらある。かろうじて社名を残して生きながらえているが、その業容といえば、石炭採掘事業などはとうにやっておらず、海外炭を輸入販売したり、あるいはまったく別の素材を扱っていたりする。

件の太平洋炭鉱や池島炭鉱などは、多くの従業員を残しながら、事実上、具体的にいえばいずれも二〇〇一年末から翌年にかけて閉鉱となった。両炭鉱とも当時の栄華などは見る影もなく、今はもう、ただそこにあって大量の海底石炭を採掘していた、という状態にとどまっている。細々と元従業員、それも有志という名の元従業員が残って、石炭採掘の真似事のようなことをやっているにすぎなくなってしまっていた。

一方のベトナムはといえば、今、この石炭採掘事業を日本から学び、それを生かして国家の基幹産業の一つに育てたいという意向をもっている。その結果、炭鉱研修生としてわが国にベトナムから若者が多数やってくることになったのである。つまり、毎年、おびただしい数のベトナム人が日本に押し寄せてきているのだ。

その第一陣、総勢一〇〇数人が、二〇〇一年八月、やってきた。多くの青年はベトナムで仕事や学業にアブレた者たちだった。彼らは、釧路と長崎に均等に配された。そこで三カ月の研修を終えた彼らが集合した場所が、品川プリンスホテルだったのだ。

彼らは品川プリンスホテルの当時完成したばかりの新館の部屋部屋を占めた。しかし、ド・シアン・レンとフー・ビャン・クオの二人を待ち受けていたものは、クリミナル・グループへの半ば強制的な参加要請であった。

「ベトナムに帰っても決してバラ色の生活は約束されない。ここにいるオレたち仲間は、この日本に居残って大きな仕事をする。これをやりとげたら、いいね……、母国での本当にバラ色の生活が保証される。オレを信じない者は、この場から立ち去ってアキハバラに直行してくれ」

その部屋には数人がいた。一緒に来たベトナム人がいる。しかしそこには二人の見知らぬ中国人、それに一人の韓国人が混じっていた。そのうちの一人が、数人のベトナム人を前に熱弁を振るっていた。

そこに居合わせたベトナム人の一人は、こう思っていた。

「なぜ、オレがここにいるのか？　たしかにこの中国人が言うように、オレの仲間は帰国を前に日本土産を買うためにアキハバラという有名な電気街に行っている。オレもアキハバラに行って電気製品を買うか。いや、しかし、それ以上のカネをもてるチャンスがあると聞いたじゃないか。そう、あの釧路での研修の最中に……。だからオレはここに来ているんだ。アキハバラに行った仲間よりもずっと大きな期待を抱いて……」

　別の研修生はこう心に唱えていた。

「自分は、付け焼き刃の石炭採掘の技術とほんの少しの電気製品とを母国にもって帰るためにここに来たわけじゃない。それに気づかせてくれたのが、あの男だったじゃないか。だから、自分はこの部屋にいるんだ」

　簡単な英語を主体にして、中国人はつばを撒き散らしながら床に座り込んでいるベトナム人を説諭している。もう一人の中国人は、熱弁を振るう同胞をちょっとした敬意の表情で眺めていた。また、唯一の韓国人は、彼らを睥睨《へいげい》するように、ちょうど部屋の片隅の全員を監視できる位置にデンと鎮座していた。いかにも不気味な印象をもった男である。

「私たちは、実際、こうして日本に来て、自由な行動を許されている理想的な状態にあるわけだ。これを生かさない手はない。これから先は私たちが手を組んで、ここ日本で〝ビッグビジネス〟をする。ただ、日本では今私たちが計画しているビジネスが犯罪といわれることもある。そういうことにはあまり関心を抱かないことだ。それより自信をもってビジネスに取り組んでもらいたいね」

　およそこのようなことを、その中国人は言っていた。それはまさしく熱弁だった。ベトナム人の一人は、母国の共産党政権に反対する政治的闘士の演説を聞いているようだ、と思った。そのベトナム人だけでなく、そこにいたベトナム人たちはすでにこの説諭に引き込まれてしまっていた。長い演説が終わったあと、中国人はこう言った。

「お互いに名前を名乗ってもしかたない。私たちビジネス上の同志は、その顔だけで充分にカンパニーの一員ということがわかるはずだ。しかもこの部屋で私の話を聞いて、これから同じビジネスを手掛けることを決心している諸君はみんな同じ匂いがしている。だから、ここで自己紹介は無用だ。ただ、私たちの名前だけは伝えておこう。私はY、横にいるのはアシスタントのZだ。そして、そこにいるのは、韓国人の『韓《ハン》』氏だ。私は中国籍だが、このカンパニーの主力は、私と同じ中国人、韓国人、そしてあなたたちベトナム人といったところになる。フィリピンやインドネシアといった国々から来た者もいる。まず最初に、ベトナムから来た同志たち、あなたたちは、これからも日本に滞在することになる。カンパニーの主力だよ……」

もちろんここで反論したり、あるいは怖じ気づいたりする者などいない。さらに、そこにいたメンバーは、Yから以下のことを聞かされていた。

「私たちのグループは、すでにこの日本で大きな仕事を完了している。すでにわれわれは経験済みである、ということを忘れないでほしい」

この言葉は、そこにいる者の記憶に強く刻まれた。ただYの言う仕事なるものが彼らが想像したものよりもはるかに規模の大きい仕事だったことがわかるのは、もう少しあとのことになる。

その部屋では、韓国人の男だけが、じつに不気味に、そして重々しく、同じ場所に身じろぎもしないで新しい仲間に監視の目を向けているのが、そこにいる誰の目にも強い印象として残っていた。

次の日、ベトナムからやってきた炭鉱研修生は品川プリンスホテルを出て、成田空港に向かった。引率者の点呼は成田で行なわれる。しかし、すでに品川プリンスホテルを出るときに三人の研修生が欠けていた。成田に到着してようやく点呼が行なわれた。

「三人はどこへ行った？」誰もわからない。引率責任者の顔色が変わった。彼はまさかと思いながらも、少なくとも一時間は待った。さらに一時間が経過しても彼らは戻らなかった。

「失踪？」

「オレたち、予定どおり、（ベトナムに）帰れるのかヨォ……」。誰かが、絶望的な声を出した。大騒ぎになった。

失踪したベトナム人から話を聞いた約二カ月半後、つまり年は明けて二〇〇二年の二月、私は大阪に飛んで、前年の暮れに発生した風俗嬢殺人事件の洗い直しをしなければならなくなった。この取材が思いがけないかたちで私のライフワークに絡んでくることに気づくのは、もう少々あとのことになる。

しかし、四散していたジグソーパズルのピースが、だんだんと寄り集まってきて、完成が近づきつつある、という意識は確実に高まってきていた。

第5章　曾根崎風俗嬢殺し

ホテルに残された惨殺死体

大阪市のキタという歓楽街は、心中で有名な曾根崎がほぼド真ん中に位置する。曾根崎を中心に、東側に梅田駅（大阪駅）がドンと居座り、北側には若者でにぎわう茶屋町やコマゴマとした飲み屋街、阪急東中通りが拡がる。また南にずれれば、大阪一高い飲み屋筋、北新地が横たわる。

これだけでもなんとまあにぎやかな界隈だと誰もが思うだろう。実際、ここらあたりの騒がしさといったら毎日がお祭りのようなのである。ただでさえ騒々しいことが大好きな大阪人は、毎夜ここに来てなにかしら気炎をあげているわけだ。曾根崎と聞いて、イコール心中、何やら湿ったところ、というように連想をする人もいるにちがいないだろうが、実際はまるで正反対である。

ただ、この曾根崎を中心にした地域のなかで同地の西側にあたる一帯は、そういった連想をかなり忠実になぞっている。場末の、という表現を絵に描いたような飲み屋、スナック、怪しげな金融屋の看板、いたるところに貼られている風俗店の極彩色の違法チラシ……。

そしてこの一帯をもっとも占領している建築物はといえば、じつはラブホテルなのである。「リトルチャペル」「ホテルアフリカ」「プティハウス」……。いかにもそれらしい名を冠した、華美な装飾を施した連れ込み旅館が肩を寄せあうようにして犇《ひし》めきあっている。このあたり一帯は兎我野《とがの》町域という。

そこで、ある惨劇が起きた。同町域内にあるホテルに臨場した大阪府警曾根崎署の刑事は、開口一番「こりゃ無茶や！」と叫んだ。

二〇〇一年一二月二六日夕方、現場となったホテルの従業員が遺体を発見し通報したのは、被害者が刺殺されて三時間経過したころであった。被害者は足立典子さん（仮名。当時三五歳）、警察発表ではアルバイト店員としているが、じつはコールガール、通俗的にいわれるホテトル嬢だった。

殺人の手口は残忍で、致命傷と見られる首筋の傷を含めてじつに一〇カ所以上の創傷、左胸にも刺し傷があり、その他、背中や腹部にも同じように深い刺し傷があった。ただ、すべての傷は同じ凶器でつくられたものではなかった。少なくとも二本の同じような凶器が使われたと鑑識では判断している。

　現場は血の海で、被害者はその海に溺れるような恰好で俯せになって死んでいた。一見、突発的に発生したコロシのように見えたが、遺留品には、めぼしいものはほとんどなかった。臨場した刑事は「もしかすると意外に計画的に殺したんちゃうか?」と思い、「そうなると、ガイシャとの怨恨か?」と思いを馳せたそうだ。

　ベテラン刑事ともなると現場から、その事件が計画的か突発的か、あるいは怨恨かカネ目当てか、ホシとガイシャは顔見知りだったのかそうでないか、などというわば事件の骨格をたちまち見分けるという。通常の人から見れば、超人的な技のように思えるが、それも経験を重ねれば、誰もが取得できるテクニックだそうだ。

　しかし、そのテクニックもそのときばかりは少々、外してしまった。それはあとになってわかったことであるが、そういう意味では、事件のホシだの手口だのという点からすれば「意外の意」だったということである。ベテラン捜査官の経験をも凌駕した意外な事件だったわけだ。あとになって、その刑事は振り返る。

「たしかにな、ワシが誇っとった経験によるティクニックが外れたことは素直に認めるで。だがな、ホシがあれじゃあなァ……。ワシは、ああいうホシのヤマはこれまでそう踏んどらんのや。だけどな、これからああいうコロシが増えるんやろうなァ……。怖いわ、ホンマの話……」

事実、この刑事の指摘する「ああいうコロシ」がこの日本では急激に増えている。そういうヤマだからこそ、刑事がもっているテクニックによる事件の読みが外れてしまったわけだ。しかしながら、少なくとも、ここで言っている「これからああいうコロシが増えるんやろうなァ……」という予想だけは当たることになる。

そして、この事件は、犯人とその手口、あるいは、それからの影響という意味でじつに大きな〝遺留品〟を残していったのである。

待っていた二人の中国人

事件のあった兎我野町の北側に隣接する太融寺町《たいゆうじ》に一棟の五階建てマンションがある。同マンションの四階の一室にある事務所の電話が鳴ったのは、一二月二六日午後四時をほんの少し回ったころだった。

「一人、寄越してください。お願いします……」。受話器をとりあげるや、電話の向こうでそういう声がした。抑揚のない言い回しである。

その事務所で受話器をとりあげた人間は、〝日本人やないな……〟すかさずそう感じた。

「ありがとうございます。今どこからおかけですか?」事務員は答えた。

「ホテル象牙(仮名)……」

「もうホテルに入ってるんですね？　何号室ですか？」

「二〇五号室……」

「二〇五……そうげのにいまるごっと、わかりました。お客さん、うちのシステム知ってます？」

「知っている……。チラシ見た。九〇分二万三千円……」

「そうです。ええと、うちははじめてですか？」

「ウン、ハイ」

事務員は、隣りの部屋を体を反らせながら眺めた。二、三人の女がテレビを見ながら何か食べていた。あの娘でええな……。

「ええ娘、行かせますよってに、ええと、一五分くらいお待ちください」

「……」

「それと、そのあいだにお部屋のほうに確認の電話しますから、一度電話を切って待っといてください。いいですか？　アア、お名前は？」

「ススキ」

「え？」

「ススキ」

「鈴木さん、ですか？」

「そう、ススキ……」

「わかりました、鈴木さん、では一回電話切りますから。すぐに折り返し電話しますわ」

中国人やろな、あるいは韓国人やろか。どっちでもええが、最近はあちらの連中もカネもってるからな。まあ、ええわ、早いとこ、電話したろ……。

「鈴木さんでっか？　ホワイトハウスです」

「ああ、ススキです」

「ほな、女の子、すぐ行かせますよってに」

「アア」。電話が切れた。事務員は隣りの部屋にいるある女に声を掛けた。

「ミカさん、象牙、二〇五号室、鈴木さんでーす……」。隣りの部屋から欠伸《あくび》をしながら一人の女が出てきた。

「ウチ、はじめてやそうです。鈴木さん」

「……行ってくるわ」

「お疲れさまです」。事務員はそう阿《おもね》るように声をかけてミカを送りだした。頑張って稼いでや……。それが生きているミカを見た最後となった。

午後四時二〇分過ぎ、女はその事務所を出ていった。仕事である。この事務所、ホワイトハウス（仮名）は、コールガールの斡旋をしている。今の風俗用語でいうホテトルを運営している事務所である。その日、源氏名をミカという足立さんは、一本の電話でホテル象牙二

○五号室に行くことになった。

ホテルに向かうとき、彼女たちは小さなハンドバッグに自分の財布だけを入れてもっていく。ただその財布には、せいぜいお釣り分くらいしか入れていない。見知らぬ男が待つ密室に行くのだから、そこに大枚を携えていくわけにはいかない。そのときもミカの財布には、現金が七〇〇〇円ほどしか入っていなかった。通常一回につき二万三千円だから、七〇〇〇円あればまず問題ない。

事務所から目指すホテルまで、ゆっくり歩いても五分とかからない。ミカがそのホテルのフロントに「ホワイトハウスです」と言ってエレベーターに乗ったのが、午後四時三〇分。そして部屋の前についてドアをノックした。

若い男がドアを開けた。背はそれほど高くない。一六〇センチを超えるかどうかである。脂っ気のない髪が目まで覆っている。長髪である。

「こんにちは、ミカです……」。言い終わらないうちに長髪男に腕をつかまれ、なかに引きずり込まれた。靴は履いたままである。

「何をすんのや……」。女が声をあげかけたとき不意に、左手にあるトイレのドアから、もう一人の男が出てきた。その男は長身で痩せていた。髪は短く刈り込んでいる。

女は蛙が潰れたような声をあげた。不意に出てきた痩せ男に気をとられているうちに、女を引きずり込んだ長髪男が二の腕を首に回してきたのだ。その手の先には、短いけれどいかにも切れそうな研ぎ澄まされたナイフがあった。女は声を出したくても出せない状態に陥った。

「カネを出すんだ！」トイレから出てきた痩せ男のほうが女に命じた。

「カネなんてあらへん……」。女はかすかに答えた。

「ないはずはない」。痩せ男が言った。

今度は、ナイフをもった長髪男が、女がもってきたハンドバッグを目で示し、痩せ男に、開けろ、と顎をしゃくりながら指示した。無言である。

女は抵抗しようとしたが、首を締めあげられているうえに、目前にナイフをちらつかされて、ほとんど抵抗らしい抵抗もできないままハンドバッグを痩せ男に奪われてしまった。奪ったハンドバッグの留め金を引きちぎるようにして口を開け、なかからオストリッチ（駝鳥革）の財布をとりだした。

「カネ、もっているじゃないか！」痩せ男は怒鳴った。慌ただしく財布を貪る。現金は七〇〇〇円しか入っていなかった。

「たったこれだけか？」痩せ男が言った。女は恐怖のあまり口がきけない。

そのとき、女の首を絞めていた長髪男が痩せ男に向かってこう叫んだ。「そこにキャッシュカードが入っているじゃないか、二枚も」。中国語である。一瞬、痩せ男が、それはマズいんじゃないか、この女をむやみに驚かせることになるぞと、咎めるような目をした。

そしてそのとおり、この異国語を聞いた女は、突然、暴れだし、長髪男の腕を振りほどこうとした。しかし男の膂力《りょりょく》は想像以上に強く、首に密着した部分を多少でも離すことすらできなかった。

「うるさいね、この女……」。長髪男は首に回した右腕の先にナイフをもった姿勢のまま、足下に置いていた粘着テープを足ですくいとり、左手を器用に使って女の口にそれを巻きつけてしまった。女はそれで抵抗を止めた。彼らの狂気をはらんだ目の前に、身も心もすくんでしまったのだ。そのあいだに痩せ男が、二枚のキャッシュカードを財布のなかから摘みだした。

長髪男は再度顎をしゃくって、痩せ男に命じた。粘着テープで口をふさがれて声の出ない女は、それでも目を見開いて「キャッシュカードを盗らないで」と訴えた。しかし、その抗議も長髪男の言葉でたちまち遮られた。

「それでカネを引きだせ。暗証番号は電話で伝えるから」

「わかった」。もはや痩せ男も中国語を使うのをいとわなかった。そして、女の財布から抜きとったカード二枚を手に、脱兎のごとくその部屋を飛びだした。部屋には、口には粘着テープを巻かれ、咽喉部には凶器を突きつけられたままのミカと長髪男が残った。

ミカが抵抗しなくなったのを敏感に察した長髪男は、首に回していた腕を離して、今度はミカと向かいあうようなかたちとなった。さっきまで恐怖で顔を引きつらせていたミカは、財布を盗られたあと、全身の力が抜けてしまって、文字どおり腑抜けてしまっていた。

「あんた、いくつだ?」不意に長髪男が尋ねた。

「ウウ……」。口に粘着テープを巻かれているので答えようがない。

そのとき、長髪男が跳躍するように立ちあがってベッドの脇にあるものをつかんで、それをミカの前に放った。長髪男がミカの前に放り投げたのは、ホテル備え付けのメモ紙とボールペンだった。口のきけないミカに、筆談で質問に答えろ、ということらしい。

「いくつだ」。長髪男は質問を繰り返した。ミカはしかたなく、ボールペンをとりあげて、薄っぺらなカーペットに落ちているメモ紙に、三〇、と大きく書いた。

「三〇……」。たしかに中国語でつぶやいた。

「本当か?」

ミカは首を縦に振った。本当は三五歳であったが、そんなことはこの男にわかりはしないと判断したようだ。

そのときである。長髪男がジーンズの後ろポケットに入れていた携帯電話が鳴った。そのころ使用者のあいだで定着しはじめていた着メロである。電話を切って、長髪男はまた女のほうに向き直った。

「カードのナンバーを言いなさい」

ミカは、そんなことできるわけない、と言わんばかりに大袈裟に首を振った。

「言わなければ、こうするよ……」。安っぽいテレビドラマでいつも使われているような台詞を吐くやいなや、獣のような敏捷さでミカの横に飛び移ると、また首筋に刃物を当ててきた。

ミカはうなずいた。長髪男はすかさずさっきのボールペンをとりあげ、床のメモ紙をミカの前に引き寄せた。ミカはためらわずに、デタラメの数字をメモ紙にハッキリと書き込んだ。

「よし、よーし」。男は嬉しそうにうなずいていた。

そのとき、また男の電話が鳴った。じつにタイミングがいい。まるでこちらの様子をすべて窺いながら、頃合いを見計らって電話をしてきているようである。男は、メモに書かれた数字四桁を読みあげた。そして電話を切った。

しばらくして長髪男は、ふたたび電話に出ると、たちまち殺気立った顔に戻って言った。

「うまくいったか？　何？　そいつはおかしいな」

男はミカに向き直ると、こう迫った。目が一段と鋭くなっている。

「ウソを言うなよ。ナンバーを正確に言え。キャッシュカードのナンバーだ」

うめきながらも、ミカの目が一段と見開かれた。このときやっとわかったのだ。つい先ほどミカの財布をもって飛びだしていった痩せ男はいま銀行にいて、そこから電話をかけているのだ。

ミカは、たしかに身の危険を感じた。彼らの意図がここにきてはじめてわかったからであろう。その恐怖は、先ほど刃物を喉元に突きつけられたときよりもはるかに直裁的に突きあがってきたようである。思わず大きな声をあげた。粘着テープで括りつけられていた口からどうしてそのような叫び声が出せたかわからない。

この叫び声を聞いたさしもの長髪男もギョッとして、ミカのほうに向き直ったくらいだ。電話の向こうでも部屋の異様な気配を感じとったらしく、荒げた声が響いてきた。長髪男の態度がよほど怖かったにちがいない。ミカは気を失うより前に失禁してしまった。

それを見ていた長髪男は、電話を切って、それをベッドの上に放りだした。そして、あらためて凶器を握りしめると「私をバカにしてはいけない」と今度は日本語で言った。そして「きたないよ……」と言いながら、女の首筋に刃物を当てた。女の口から空気を裂くような絶叫が迸《ほとばし》りでたのと、首筋から鮮血が噴水のように噴きあがったのが同時だった。

「ニッポンジン、いつもきたないね、あんたも同じだ……」。鮮血を顔面に浴びながら、長髪男は静かに独りごちていた。聴覚が失われたように、あたりは静謐な時間が流れていた。女ももう叫んではいなかった。

長髪男は機械じかけのように女をメッタ刺しにしたのち、われに返ると血溜まりを踏まないようにヒョイヒョイとした足どりでバスルームに駆け込んだ。そして、バスタオルをもちだし、血で染まった顔や手を拭き始めた。

あらかた血を拭き終わった長髪男は携帯電話を手にして、着信番号宛てにダイヤルした。

相手、つまり痩せ男が電話に出るやいなや切迫した声で「引きあげよう、これ以上ここにいたらまずい」と命じた。

電話の向こうで、なにやら叫ぶ気配がする。それはそうだろう、突然、まったく状況が変わったのだから。電話の向こうの痩せ男はそのことをまったく知らない。

それでも、長髪男は「ホテルの出口のところまで来て待ってろ。オレがホテルから出たらすぐに合流して、大阪駅まで全速力で駆けろ。駅までの行き方は頭のなかに入っているだろうな。事情は大阪駅で話す。それまではとにかく全速力で走れ」ということを信じられないくらいの早口で命じた。

そして、一目で部屋のなかを見回し、遺留品がないことや、不用意に手掛かりを残していないことを再確認すると、そっとドアのノブをつかみ、これまたきわめて慎重にそのドアを押しだした。

しなやかな鞭のように部屋を滑りでると、今度はエレベーター脇にある薄暗い非常階段に飛び込んだ。ほとんど音も振動も立てずに、その階段を一気に一階まで下りきった。

一階には、駐車場に脱ける鉄製のドアがあったが、もちろんそこには鍵などかけられていなかった。よしんば施錠されていても、この長髪男は、それをたちまち解いてしまうにちがいない、というような雰囲気があった。犯罪にかけてはまさしくプロフェッショナルという雰囲気に満ちていた、ということである。

これは、その後、この長髪男を知る幾人かの外国人留学生も揃って口にしていたことだ。犯罪捜査のプロフェッショナルである刑事ですら同様のイメージを抱いていたのだから、この男の雰囲気は本物なのだ。一階駐車場に脱けるドアをくぐり抜けた長髪男は、すでにそこに到着して待機していた痩せ男に目配せをして、ただちに猛ダッシュした。

現場となった兎我野町から法界寺という寺の脇にある駐車場を通り抜け、新御堂筋の高架下を赤信号などお構いなしに駆け抜け、いったん北に走り、今度は大阪北小学校のなかを斜めに突っきった。そして、曾根崎署横（！）を走り去り、阪急前、阪神前の二つの大きな交差点を最短距離で跳躍し、大阪駅御堂筋口のコンコースに入った。そこで二人は目で示しあわせながら、中央北口のほうに向かい、出口手前の通路のところで、肩を並べて歩きだした。

彼ら二人とも、まったく息せききっていない。正味一キロを全速力で走り抜けても、息一つ乱れていない。この距離を曲がりくねりながら、わずか四分程度で走り抜けた。

この二人の若者が、今まさに一キロほど先のホテルの一室で、一人の風俗嬢から財布を強奪し、その女をメッタ刺しにして死にいたらしめた者たちであることなど、すれ違う雑踏のなかの誰一人、想像すらしなかったにちがいない。

しかし、実際に人殺しの犯人が、歳末の人込みのなかを、堂々と闊歩していたのである。もちろん、凶器をポケットに忍ばせながらだ。師走の落陽は早い。そのときすでに、大阪キタ地域は夜のとばりがすっかり落ちていた。二人は静かに歩き、どこかへ消えていった。

この二人は、約二週間後、自分たちの下宿先からほど近いある地点に姿を現わす。そして、その場所はといえば、重大事件の犯行現場だったのである。

第6章　狙われた身元引受人

平穏な村を襲った惨劇

大分県別府市にある私立別府大学は、もともと女学校としてスタートしたが、一九五四年に男女共学の四年制大学に改組された。同学はアジアからの外国人留学生を積極的に受け入れている。

国際化が顕著になっていくにつれて、こうした留学生あるいは研修生が日本に流入してくるのは避けられない。そのこと自体は評価すべき側面も当然あるのだが、ただ一方で、この傾向について諸手をあげて賛成するわけにはいかない状況もある。彼ら留学生や研修生による日本国内における犯罪、という問題である。

流入してくる外国人が多くなるにつれて、犯罪発生件数は間違いなく増えている。この面からのみ見て、外国人の入国を再考すべきだ、と言うつもりはさらさらないが、状況を正確に捕捉しておくことだけは、つねにやっておかなければなるまい。

それはそれとして、この別府大学に留学中の学生、中国、韓国の混成グループが、ある重大事件を起こした。

大分県山香《やまが》町は、磨崖仏で有名な国東《くにさき》半島のちょうど付け根にあたるところに位置した、人口約九〇〇〇人のごく静かな農村である。城下カレイで有名な日出《ひじ》町に隣接しており、そのためではなかろうが、第一次産業に従事する人が比較的多数を占める、文字どおり、平穏が支配する町である。この町に町民どころか県民、はては全国民を震撼させるような殺人事件が発生したのは、二〇〇二年一月一八日未明のことだった。

山香町のほぼ中心地、町役場など行政機関が集中している地域に触れるようにして日指《ひさし》という集落がある。その集落の外れに木造モルタル造りの二階家がある。その家が酸鼻極まる殺人事件の舞台になるとは、それまで想像した人すらあるまい。

私はその事件の発生後、すぐに取材に動いた。それは当時私が抱えていたルーチンワークの一環であったのだが、時間の限られているなかでの取材活動であるから（締め切りという時間的制約があるのだ）、その内容は濃い。濃くならざるをえないのだ。

私はある知り合いを通じて、大分県警察本部捜査第一課の捜査官から事件の詳細を聞くに及んだ。とにかくまずは事件を、その捜査官からの話をもとに、その後、明らかになった事実も加えながら、正確に再現してみよう。

五人の実行犯

被害者は、山香町在住の建設会社会長である吉野諭さん（当時七三歳）と吉野さんの妻（同七一）である。吉野さんは踏み込まれた賊に背中を刺され即死、妻のほうは頭、腹を刺されて重傷を負った。

事件が発生した日の午後八時過ぎのことである。吉野さんの自宅近く、目的の家が充分見張れるポジションに一台の車が停まった。なかには五人の若い男たちが乗っていた。すでに綿密なる謀議が済まされており、車のなかで口をきく者はいなかった。息を潜めて、吉野さんの自宅の様子を窺っている。

彼らはいずれも別府大学の留学生で、中国人四人、韓国人一人という構成だった。

中国人は、

朴　哲（当時二一歳）

張　越（同二三）

安　逢春（同二三）

L　（同一九＝未成年）

の四人、そして韓国人は、
金　玟秀（同二六）

である。リーダー格の朴が、決行の頃合いを見計らいながら仲間を牽制していた。

「いいな、踏み込んだあとただちに仕事を済ます。おまえは、あの家のすぐ横に車を回しておけ。オレたちが乗り込んだらすぐに発進できるようにしておくんだ。わかっているだろうな」

誰もがうなずく。

中国人同士ならコミュニケーションに問題ないが、このグループのなかには韓国人が含まれている。

このようなとき、彼らの共通語になるのは、やはり英語だった。これはとても重要な事柄なので是非ともご記憶願いたい。ただし、グループ内の者がいずれも日本に長くいて、その誰もがある程度の日本語を理解し、話し、かつまた聞けるような状況では、会話が日本語になることもある。いずれにしてもこういうグループは、この車のなかにいる連中のように複数国の混成というケースがほとんどなのだ。

今度はサブリーダー格の張が口を開いた。「みんな大丈夫だ。こんな仕事はオレたちにとって小さい仕事だよ。これまでにももっと大きな仕事をしたり、仲間がしてきたことを知っているだろう？」

張の言葉が車中の緊張を一時解いた。端から見ると、いかにも脳天気な学生たちが一台の車に乗り込んで、これからドライブにでも行くようにしか思えなかった。これから重大な犯罪を犯す決心をした男たちが乗り込んでいる車には見えない。しかし、彼らが計画していた決行の時間は近づいていた。

「そろそろ、一二時だ……」

朴がつぶやいた。もうこの車のなかで四時間を過ごしていたのである。いかに辛抱強くとも、これはいささか長い。彼らのあいだには緊張が高まってきていた。

「予定どおり、日付が変わる時刻を目処に仕事を始める。この仕事を片付けたら、日本のマフィアだってオレたちに一目置くはずだ。いや、それよりなにより、この国にいる〝オレたちのパートナー〟、彼らがオレたちのことを知ってくれる。だからいくら簡単だといってもこの仕事をパーフェクトに仕上げなければならない」

朴が激してこう言った。そこにいるものはみな、朴が叫んでいると思った。いくらわかりきったことを言っていたとしても、この朴の言葉は、そのとき一同の心に染み入っていた。みな神妙にこの言葉を聞いていた。彼らは全員、朴から、ある打ち明け話をされている。

そのもっとも重要なキーワードが「ネットワーク」である。このネットワークこそは、異国からやってきた彼らにとってはもっとも魅力に溢れた言葉であった。何をしてもこのネットワークが自分を救って（掬《すく》って）くれる。逆にそのネットワークにいる者だとわかったら、自分だってそいつが窮地に陥ったときには救う（掬う）。この連帯感がたとえ短いあいだでもこの日本で生きていかなければならない彼らの、心の拠り所になっているのだ。

ネットワークに加わることで安心感がある、それよりなにより日本人にたいする優越感が得られ、そのうえ母国に帰るときには莫大なカネを手にする可能性だって大いにあるのだ。

「ようし、もういいだろう……」。朴は夜光塗料が使われている腕時計を覗くと、自分にも気合いを入れるようにこう言った。一二時を三〇分は過ぎていた。もう日付は変わっている。この田舎ではすべてが眠りに就いている。この季節だから蛙だの虫の類だの、あるいは鳥だって啼きはしない。静寂が耳を押す。

車のエンジンは、いつのまにか止められていた。この車の持ち主は、このグループ唯一の韓国人、金である。もちろん運転手は金だ。朴が金にエンジンを止めるように言いつけたのであろう。

大分の山村はこの時期、たしかに寒い。雪こそ降っていないが、通常だったらエンジンを切った車のなかに数分だっていることはできないであろう。彼らがそのとき寒さに関して誰も何も言わなかったのは、これから行なうことにたいする大いなる緊張があったからである。

午前二時に近くなったとき、不意に朴が英語で言った。「さあ、行こうぜ。みんな、成功を祈る」

いかにも軽い呼びかけだった。まるで気軽な挨拶のようである。しかし、その言い回しがかえってそこにいた者たちの気持ちを引き締めた。まず朴、それに張が車を降りた。彼ら二人の手には、いつのまにか刺身包丁を強化した手製の武器が握られていた。

「張、凶器はしっかりもっているか？」朴が張に囁《ささや》いた。張は、首を縦にしっかりと振って一瞬笑った。二人は無言で吉野さん宅に向かった。そのとき、朴が一回振り向いて、運転席にいた金の目を見た。金は緊張でコチコチになっている。ハンドルを握っている手が心なしか震えていた。

吉野さんの自宅に侵入するのはさほど難しいことではなかった。このような田舎の住民は、おおむね鍵などかけない。それは就寝時においても同様であった。それだけ人間の生活というものを信じているのである。それは素晴らしいことなのだが、このときはまったく裏目に出た。

そうでなくとも朴ならびに張は、この家の勝手を知っていた。朴は、ちょうど半月ほど前のことを思いだしていた。「今日だって大丈夫だ。オレには、悪の神アーリマンがついている」

朴はどこかで聞きかじってきたゾロアスター教の邪神アーリマンの名をことあるごとに口にして、そのたびに「オレにはアーリマンがついている」と吹聴していた。

「日本大百科全書」（小学館）には、こうある（項目名は「アフリマン」）。

光明神アフラ・マズダー（オフルマズド）と対立し、反対の概念を表す。アフラ・マズダーが善や知恵の神格化であるのに対し、アフリマンは邪悪や無知をその性質としている。無知ゆえに、アフラ・マズダーと戦う手段として、あらゆる邪悪なものを創造した。

朴がなぜアーリマンに心酔するにいたったか、その真相はわからない。が、彼が連続して犯した犯行が、アーリマンへの信奉にもとづくものだということだけは間違いない。

私は、多くのアジア系留学生や研修生の事件を取材していて、彼らが日本において抱く劣等感が犯罪行為の土壌になっていることに気がついた。これは事件の真相というわけではないが、真相に肉薄した結果得られた結論である。

もちろん、私が取材の積み重ねで得たこの結論にたいして、別の見方があることを否定はしない。ただ、朴のような立場の者がアーリマンのような存在を崇《あが》めるのは、実際の犯行から鑑みても、じつはかなりわかりやすい心理と思われるのだ。

朴の気分は極度に高揚していた。朴は顎をしゃくって、張に吉野さん宅の二階を見るように、無言で指示した。張がうなずく。もってきた武器をあらためて握りしめた。

「それ、いくぞ！」朴は遠慮なしに中国語でけしかけた。金以外の者には中国語が一番いい。音もなく格子戸を開けた二人は、そのまましなやかに土間を上がった。

トン、トン、トン、トン、トン……。まるで忍者のように二階への階段を駆けあがった。踊り場で踵を返すと今度は逆の方向に向けられた階段を滑るようにして駆けた。そして、ドン突きの襖の前に立って部屋のなかの様子を窺った。

襖のあいだから薄い光が漏れているが、これは就寝灯であろう。二人は目を見合わせてうなずきあった。それと同時に、朴が襖を一気に開け放した。

その部屋では吉野さん夫妻が仲良く布団をのべて深い眠りについていた。吉野さんの妻のほうが右側に寝ていた。朴は、その妻の頭を目がけて、拳を振りあげた。凶器をもっていたのに、その凶器を利き腕ではない左手にもち替えて、なぜか拳で頭を殴りつけたのだ。

ぐっすり寝込んでいたところに頭を殴りつけられた妻は、苦悶の声をあげた。寒い夜、二枚の布団にくるまって寝ていた妻が、それでもはっきりと布団のなかで苦しんでいることがわかった。

「やっつけないのか？」張が驚いたように朴の顔を見て叫んだ。その叫びが終わらないうちに、朴は、今度は凶器を利き腕の右手にもち替え、妻の頭を目がけて腕を振り下ろした。

ところが、布団のなかでのたうちまわっていた妻の頭には、その凶器は直撃しなかった。

「チクショウ、外した！」今度は朴が叫んでいた。張は突っ立ったままである。

そのときである。妻のすぐ隣りに寝ていた吉野さんが、むくっと上体を起こした。そして怒鳴った。

「何をしとっと！（何をしているんだ！）」

われに返った二人は、吉野さんのほうに向き直った。そして同時に吉野さんに向かって、もっていた凶器を突きつけた。研ぎ澄まされた凶器を突き立てられた吉野さんが断末魔の叫びをあげた。凶器は刺身包丁の柄の部分に半メートルほどの棒を接合した、特別仕立てである。接近せずとも獲物にトドメを刺せるようにつくられていた。

吉野さんは凶器を突き立てられ、その痛みかあるいはショックか、ピョンと立ちあがった。「（吉野さんは）まるで自分たちに立ち向かってきたように思えた」とその後、張が語ったと、仲間の一人は警察の取り調べにたいして供述している。そのうえで張は「これほど恐ろしいことはない。今でも夢に出てくるほどだ」と述べ、そのときばかりはブルッと体を震わせ、思わず後ろを振り向きかけた、という。

たじろいだ二人は、一瞬立ち尽くした。立ち直りは朴のほうが早かった。一瞬の怯《ひる》みをとり戻すかのように朴は、その場を逃れようとした吉野さんの背中に凶器を突き立てた。「助けちょくれ……」。吉野さんがうめいた。それでも吉野さんは、妻のことを心配していた。吉野さんは逃げようとしたのではなくて妻の身を案じたのだ。もう見えなくなり始めた目でさっきまで隣りに寝ていた妻の布団を見出すと、ドオッとばかりにそこに倒れ込んだ。

かすかに妻の名前を呼んだ。妻をかばったのだ。

朴は倒れ込んだ吉野さんにさらに被さるように、凶器を両手にして体重をかけた。吉野さんか妻か、どちらとも判別しがたい生けるものの最期のうなりのような、苦悶の音が漏れた。決着はわずか一分少々でついた。

凶器を引き抜いた朴はよろよろと立ちあがった。そして、妻に覆い被さったような状態になっている吉野さんを引き剝がすようにして横転させた。すでに血飛沫《しぶき》が乱れ飛んでいる。朴は薄笑いを浮かべながら、吉野さんを立ちあがらせるようにして引きずりだした。刺された箇所から血がドクドクと流れだしている。そして、引きずりだした吉野さんを壁にもたれかからせ、次に妻の上に被さっていた布団を一枚剝ぐと、それを吉野さんに巻きつけた。

張は声もあげずに、その朴の異様な行動を呆然と見つめていた。それは吉野さんが着ていた寝間着の腰ひもだったか。朴は、布製の紐を使って、簀巻きにしてしまった吉野さんを一瞬のあいだに布団ごと縛り込んでしまった。

そしてそれを畳の上に転がすと、その上から何度も凶器を突き立てた。妻のほうは微動だにしない。張は震えが止まらず、もっていた凶器すら足下に落としたままだった。狂気の朴を黙って見据えているだけだった。

「さあ、カネを探しだせ」。朴が呆然と立ちすくんでいる張に言った。われに返った張は、そうだ、といわんばかりに部屋のなかを跳躍し、カネがありそうなところを物色しはじめた。

に渉猟した。

箪笥から押し入れから、文机から、あるいは小物入れから、ありとあらゆる箇所を傍若無人
無言の、そしてじつに不気味な宝探しがしばらく続いていた。数万円をかき集め、それを
ポケットに突っ込めるだけ突っ込んだ二人は、ようやくその部屋から出ようとした。その部
屋を出ようとしたとき、朴が叫んだ。「凶器はもって帰らなければダメじゃないか！」張は
慌ててさっき呆然として手放した凶器をとりに部屋の真ん中に戻った。

そのとき張は、それまで気にかけていなかった妻が、コソリと蠢《うごめ》く気配を感じている。足
がすくんだ張は、その気配をたしかめるためにもう一度妻を凝視した。まるで動かなかった。
「早くしろ、行くぞ」。朴が促した。張も早くその場を立ち去りたかった。二人はやってき
たときのように階段を音もなく滑り降りて、格子戸をくぐり、それを閉め、素早く外に出た。

さっきまで乗っていた車がヘッドライトを消したまま玄関越しに滑り込んだ。二人は流れ
るように乗り込んだ。

身元引受人という立場

私は捜査官にこの事件の経過を時間軸に沿って克明に再現してもらいながら、何回もうな
ってしまっていた。それはなぜか？

人を二人も殺傷して奪いとったその成果など大したものではなかった。わずかに数万円な

のである。金銭的被害という側面から見れば、じつに他愛のないものである。しかしこの事件は、じつに大きなインパクトがあったのだ。私がうなったのはその部分である。それらの点を整理してみよう。

①殺傷した相手は、じつは実行犯等の恩人であったこと。
②事件の残忍性。それと同時に、じつは計画性充分だったということ。
③（これは事件発生直後に聞いたことではないのであるが）事件後、被害者の御子息（事業の継承者）が、事件のショックから立ち直れないまま奇禍にあい死亡していること。吉野さんの細君にしても、かろうじて命はとり留めたが、重傷を負い、精神的にはかなり耗弱してしまったこと。

この三点である。

そして、この事件は前述した留学生グループによる犯罪の典型的なケースといえるものである。私にとってこの大分での酸鼻極まる事件の取材は、奇貨居くべしという事態であった。ここに挙げた事件の足跡《ゲソ》を、ここでもう少々深く掘り下げなければならない。

まず、①についてだが、この事件で主犯（殺人の実行犯）となった朴ならびに張は、吉野さんに日本における身元引受人になってもらっていたのだ。

わが国においていずれの大学や各種学校でも、あるいは研修生を受け入れる公益法人や諸団体なども、外国人の留学生や研修生が学んだり技術などを研鑽する場合、絶対に身元引受人（身元保証人ともいう）が必要となる。この身元引受人というのは、留学生らにとってはじつはとても重要な人物となる。

身元保証人には、留学生の帰国旅費を負担できる程度の経済力が必要とされる。そのうえで、留学生に日本の法律を守らせる指導力を有さなければならない、とされているのである。加えて、留学生が日本に滞在するあいだ親代わりとして公私にわたる役割を果たす、という責任もある。この三点を備えていなくてはならない、とされているのである。これらを備えながら留学生を引き受けるということになれば、それは彼ら留学生にとって、いわば実際の親以上の存在ということになろう。身元引受人というのは、このようにじつに重い責任と自覚の上に成り立つ存在、ということを認識しておかなければならない。

「とくにアジア諸国から来日する留学生たちは経済的水準が日本よりも低い。だから、身元引受人は彼らの親に代わって生活費なんかも面倒見なければいけないのです。母国からの仕送りを受けている者など一人もいない。それは当然で、日本の物価に対応するような仕送りを出せる親などいるはずもないのです。そういう意味では、身元引受人というのは、彼らの親以上の存在かもしれません」

こう語るのは、一〇年以上、この身元引受人という特殊な立場に就いている人である。現在もある大学の専属となって身元引受人の立場を続けている。

結局、吉野さんは、自分の子供同然の者たちから命を奪われたことになる。朴たちは、親を手にかけ、そして殺《あや》めたということになるわけだ。この事件はたんなる殺人事件などではないのだ。

大分での殺傷事件、そして大阪の風俗嬢惨殺事件はじつに多大な示唆を与えてくれた。それらの事件取材に、そのときまでにあらかた取材を済ませていた、釧路ならびに長崎の炭鉱に来ていたベトナム人研修生の失踪事件を加えることによって、世田谷の事件を中心としたジグソーパズルのはめ込みがかなり進展した。私としてはより犯人に近づいたと思った。

このジグソーパズルを組み立てるにあたって、私はじつに多くの人間に会って取材している。

たとえば、これまでに記してきたそれぞれの事件に登場する大分県警の担当捜査官や、大阪府警のベテラン捜査官といった人間である。こういう現場の警察官は、なかなか口が堅いものであるが、それを割るのにもちょっとした秘訣があるのだ。一言でいうと、正義感の共有といったところ。恰好いい言葉であるが、なかなかここのところを理解して警察官への取材を試みる取材者をお見掛けしたことがない。

ともあれこれまでに記してきた事件の数々は、世田谷の事件が発生したあとに起きている。私がなぜそれらの事件のなかから、世田谷の事件に肉薄する資料・証言等々を得られるにいたったかについて、ここで記さなければなるまい。

前述したように、私が最初に世田谷事件について、もっとも注目しなければならない存在として、年々増加している外国人留学生や研修生に目をつけたのは、ある刑事のふとした暗示からだった。

この暗示は、事件が発生して初動捜査に失敗し、司直に焦りと暗い想念が錯綜しはじめたときに漏れてきた。「クリミナル・グループ。それも外国人の……」。それは具体的にいうと、二〇〇一年の第二四半期（七月〜九月）が始まるころで、私の世田谷の事件にたいする探索の方向性がこれである程度固まった。その時点から、私はそのクリミナル・グループの実情に迫るための努力を重ねていたのである。

第7章　犯罪ネットワーク

結びついた二つの惨殺事件

二〇〇二年の二月に入って、しばらくしたときだった。仰天するようなニュースが、知り合いの刑事から入ってきた。警視庁捜査一課の万年〝ジュンチョウ（巡査長）〟刑事である。もともと下町界隈の交番勤務だったところ、ある有名な誘拐事件でちょっとした活躍をして、幹部から本庁の刑事職に推挽《すいばん》され、機動捜査隊などを経て、捜査一課に放り込まれた人物である。

昇進試験にはいっこうに興味がない、と誰彼かまわず言い放ち、いつもどこかの現場に臨場したがっている、変わり者の刑事である。名前は白石（仮名）といった。その白石刑事が、突然、私の携帯電話に架電してきたのだ。

「突然ですまんな、驚いただろう?」

このベテラン刑事は、開口一番、本来は私が言うべき感想をそのまま言ってくれた。

「あんたがのめり込んでいる外国人犯罪だけれどね、大阪のヤマのこと、言っていたろう?　たしか、この事件は、外国人によるものじゃないか、と言っていたね。ズバリ、当たりだったぜ」

「ああ、例の風俗嬢殺し、ですか?」

「そう、あの事件、妙なことになってきたみたいだぞ」

「え?　それどういうことですか?」

「つい最近、大分県で、デカイ殺しがあったろう?」

「エエ、自分は取材に行きましたよ、中韓の留学生が恩人を殺したヤマ、でしょ?」

「そうそう、それだよ。それで、大分と大阪の事件のホシがまったく一緒なんだってよ」

後頭部を鈍器で強く殴られた気がした。大分と大阪の事件のホシが一緒?　大分の事件の犯人は徐々に捕まっているが、行方がわからないやつもいる。そいつらのことか?

「どういうことですか?」

「鈍いね。大阪の事件の犯人二人は、大分のヤマの五人の犯人に含まれている、ということだよ。これ、スゴイ話だろう?」

「つまり、大阪で風俗嬢をヤッつけて、大分に戻って、ちょっとばかり仲間を増やして、今度は恩人をヤッちまった、てことか?」

「そういうことさ」

「なんで白石さんがそんな余所のネタ知っているんだ? そんなこと、まだ誰も知らねえぞ」

「じつはな、大分のヤマで逃げていた一人が都内に潜伏してやがったのさ。うちのシマでな、その捜査の協力を要請されて、オレがやってやったんだ。そしてオレがその中国人を追いつめたのさ。それでオレだけには、大分(県警)でもっている情報全部を教えてくれた。オレがいなかったら逃亡者が三人になっちまうところだったからね」

「スゲえな。さすがは白石さんだけあるよ。それでですね、その大分と大阪の事件のホシが一緒、なんですか?」

「そういうことらしいな」

「なんで、いきなり、そんなことがわかったのかなぁ」

「そこまではまだ詳しくわからない。もっともそこのところは、余所様のことだから、こっちはそれ以上関係ないことだけれどね」

「とにかく、とてつもない情報を入れてくれてありがとうございます。恩に着ます」

「あんたが必死になって追いかけているようだからさ」

「いやあ、今度一席、設けなければいけないなぁ」

「楽しみにしているよ。それよりあんた、あんたの最後の狙いはやっぱり、世田谷なんだろう？」

私はこの刑事の炯眼に内心舌を巻いていた。それとともに、私が外国人留学生が関与したと思われるような事件に興味をもっていると話したことから、その究極の目的が世田谷の事件にある、と推察したという事実に満足感を覚えていた。このベテラン刑事も世田谷事件が外国人による犯行ではないかと思っている、ということに気づいて、自分の向かっている方向性が間違っていないのだ、と確信したのだ。

世田谷一家殺害事件は、警視庁管内の事件である。白石刑事にしたって、まんざら関係のないヤマではないだろう。私の最終目的がそのヤマにあるということを相互に認識した今、そこから先はお互いの立場を慮って、それぞれできるだけ口を慎むことになるはずだ。それを了解したように、白石刑事は黙って電話を切った。

しかし、白石刑事がもたらした情報は、尋常ではない。大分の事件と大阪の事件の犯人が一緒……。これは何かあるな。

私はさっそく大阪に行くことにした。

携帯電話と防犯ビデオ

「よう早耳やな。あんたが言うように、大分とは合同になるで。明日、正式に発表されるはずや」

大阪府警本部近くの小さいビジネスホテルのオマケでつけたようなラウンジの片隅で、私はかねてから知っている刑事と会っていた。

二月の頭である。大阪の町も冷え込んでいた。しかし、目の前の五〇がらみの男は、額に汗を浮かべていた。高血圧症の典型的症例である。こういう人は真冬でも、ちょっとでも体を動かしたり、精神的に興奮状態になったりすると、このように逆上《のぼ》せて顔が赤くなり、頭から汗を流すのだ。

箱のような体軀、赤ら顔、縮れた髪、現代日本における中年男性のありきたりな特徴を一通り備えたこの男は、一応は辣腕のレッテルを張られている刑事である。現在、大阪府警本部の刑事部所属の巡査部長を拝命している東中野（仮名）という刑事である。同僚をなるべく略名で呼びたがる刑事連中のあいだでは、なんと「トンチュウさん」と呼ばれているそうだ。

今回、東京の白石刑事から知らされた情報をもとに、大阪の風俗嬢殺しと大分の恩人殺しの件で、とるものもとりあえず大阪に飛んできた。東京を発つときに東中野刑事に連絡して、今この狭いラウンジで会っているのだ。東中野刑事は、風俗嬢殺しの一件を担当していた。もっとも、刑事特別捜査隊というところにいるものだから、捜査一課（強行犯捜査係）のように主体的な捜査を行なってはいないようである。しかし、捜査本部に送り込まれ、普段は、一課課員と変わらない捜査活動はしているようだ。

その東中野刑事が私に向かって開口一番「大分（県警察本部）と合同になる」と言うのだ。

「やっぱり……。浪速のヤマとまったく同じホシなんですって？」

「そや。あんた、それ、誰から聞いてきたんや。やっぱ、東京のブンヤさんは早耳やのう」

私は新聞記者なんかじゃない、内心舌打ちしながら、それでも「東京のオマワリさんからですよ」と答えておいた。

「フン、なるほどねえ……。あんな、曾根崎ウラの風俗嬢殺しのホシは、あのヤマを越えて、大分に戻って、例の恩人殺しをやったんや……。えらいフットワークやろ？　その間、わずか二〇日あまりやで。そのあいだにここと大分の二カ所で二人、死体《オロク》にしたんや」

「ハア、凄まじいものですね。それで、なぜ、この二つの事件のホシが同一、ということがわかったんですか？　なんでだろうな……」

あとのほうは、自問自答していた。

「なんやろか？　……教えたろか。一つは携帯電話なんや。大分のヤマで使っていた携帯電話が風俗嬢殺しのときに使ったのと同じことがわかったんや」

「なるほど、そうか。ところで、その携帯のナンバーは大阪のヤマでどこに登場するんですか？」

「風俗店に決まっとるやないか。それとも一つ、銀行の防犯ビデオ、これで同一人物と決定」

　私の様子に手応えを感じなかったのか、東中野氏はあらためて問うた。

「あんた、あの事件取材しとらへんの？」

「そうなんよ、まだ詳しく取材してないんや……」。私もつられて大阪訛りになってしまった。

「詳しく教えてくれませんか？」

　そこで、私は、二〇〇一年一二月二六日に発生した風俗嬢殺しの一通りを聞くことができたわけである。そのとき、大阪府警は、すでに同事件の実行犯の一人（当時未成年のL）から、おおまかな供述をとっていた。

「ハーア、なるほどねえ、そりゃかなり無茶苦茶な殺しだわ。だけれど、トンチュウさんの言うように、手口は乱暴だけれど、その二人のあいだに念入りな打ち合わせがあったようですね」

「そやろ？　ワシの鑑は間違いあらへん。あいつらは、最初にちゃあんと打ち合わせしとる。

だからな、初動（捜査）では全然ホシの見当つかんかったもん」

この刑事こそ、事件を俯瞰して「もしかすると意外に計画的に殺したんちゃうか？」と事件の核心部分を言い当てた当人であり、加えて、それでもこの事件が「意外の意」であることを認めたうえで「これからああいうコロシが増えるんやろうなァ……。怖いわ、ホンマの話……」と嘆息した、その人なのである。

彼の長年の鑑（彼はティクニックと呼んでいた）は、ホシこそすぐには割りだせなかったものの、この事件の性格をきっちりとらえてはいたのだ。

「それで、つまり、その携帯電話の着信ナンバーと銀行の防犯ビデオで、大分の事件のホシと重なった、というわけですか」

「そういうこっちゃ。ええと、一人は朴哲、もう一人は未成年なんだがLという、両方とも中国人、それも留学生なんや……。そいつらの身上はあんたのほうがようけ知っとるんちゃうんか？　あんた、大分のヤマのほうは、現場まで行って、念入りに取材した言うとったやないか、そうなんやろ？」

「エエ、そうですね、その二人はたしかに大分事件の実行犯五人組のなかにいましたわ。朴のほうは、シキテン（見張りのこと）とかそういうのじゃなくて、恩人殺害の実行犯ですよ。もう一人がLなのか。そういえば朴のほうは結局、今でもどこにいるかわからないんでしょう？」

「中国に飛んだって言うとるな……、Ｌはそう証言している」

「フーン」

私は一カ月にも満たないうちに二人も惨殺した朴の心理状態を推し量ろうとした。

「何を考えとるンや？」

「いや、なんでもありません」

携帯電話の着信記録と銀行の防犯ビデオから彼らは割りだされた、という。東中野刑事から聞いた話をもとに、この大阪のヤマの現場をじっくり歩かなければならない。私はそう思っていた。

「トンチュウさん、その殺されたコールガールがいたという事務所の名前を教えてくださいよ。そこの電話に、朴かＬかの携帯の番号が残っていたのでしょう？」

「そうや。Ｌのやねん。ええと、その店はな、ホワイトハウスっていうねん。なんや大層な名前やな。その店は事件現場の隣りにある太融寺ってところにある。さっそく現場取材するんか？」

「ええ」

「さっきも言うたけど、明日には大分との合同になることを発表する。その前にこの事件の関係者を洗っといたほうがエエで」

「ご配慮、そして素晴らしいアドバイス、ありがとうございます」

東中野刑事とはその場で別れた。私はしばらくそこのラウンジに残って、コーヒーをお代わりした。そして、東中野氏が飲み干したカップを見つめながら、いくつかの点を考えていた。

ホワイトハウスはこれから行くとして、銀行というのは、その風俗嬢を殺すときにキャッシュカードを奪って走った銀行だろう。そういえば、今、トンチュウは「大分の銀行でもしつこくカネを引き出そうとしていた。そこの防犯ビデオにも、彼ら二人がしっかり映っていた」と言っていたな。あいつらは、大分でもその風俗嬢から奪ったキャッシュカードでカネを下ろそうとしたんだな……そして、それができなかったから結局、カネは入ってこない。そこで、今度は恩人殺しを計画したわけか。この先、トンチュウを通じて、Lの証言をもっととらなければならないな……。

そこまで思案して、私は、そこのラウンジを出た。そして地下鉄に乗って、教えられた太融寺町の近くの駅で下車した。

ホワイトハウスの対応はよくなかったが、それでも事件当日のことはかなり詳しく知ることができた。この店の店長らしき男は、髪の毛がぼさぼさの、年中睡眠不足の仏頂面をしているような長身の男で、いかにも無愛想だった。彼は事件の展開よりも、殺されたミカの代わりがいまだにいない、ということを繰り返し口に出した。一人の人間が死んだことへの追悼の思いなど、その素振りからは欠片も見出せなかった。

なんとも寒々しい事件ではあるが、ホシが大分の事件と同一でなければ、まったく見過ごされる惨殺事件であろう。事件は陰惨で救いのないものであるが、私は丹念に取材していかねばならないと思った。やはり例によって予感がしていたのである。東京、釧路、大分、そして大阪に来て、私の取材への動機付けはいやが応にも高まっていた。

大阪・新今宮のアジト

そんなとき、例の東中野氏から連絡をもらった。大阪と大分のそれぞれ警察本部が合同捜査本部を開設した、と発表された、その翌日だった。

「齊藤さんか？　あんたまだ大阪におるんやろ？　……フン、さよか、そりゃ好都合や、ちょっとおもろいネタ教えたるわ。あんた、とびつくで。難波のエイコクヤに来てくれんか？　難波高島屋のスクランブル（交差点）挟んだところの一本目の路地入ったとこや」

東中野氏が指定した「エイコクヤ」というのは「英國屋」と綴る喫茶店だった。そのガラス張りの窓際の六人掛けテーブルに、東中野氏は一人で陣どっていた。外から一瞥すると退屈げに煙草を吸い込んでいる。

「いったいなんですか？」

「オオ、やっと来よったな。まあ、なんか注文せんか……。ネエチャン、ソーダ水やて」。がたいのわりには妙に口の回りが早い。

「トンチュウさん、それでどんなネタ?」

「あんな、ごっついことがわかったで。（捜査）本部に括《くく》られている（身柄を拘束されている）例のL、な、あいつ、とんでもないこと言いよったんや」

「何?　何を言ったんですか?」

「あのなあ、Lは中国に逃げた朴と風俗嬢を消したやろ?　あいつらな、そのヤマ踏む前、踏んだあと、しばらく大阪にいたんやて。要するに、大分から大阪に出てきて、大阪で犯罪の計画練って、風俗嬢ヤッつけて、ヤッつけたあとも、大阪にチョイの間いて、それで再度大分に帰った、っちゅうこっちゃ」

「それ、どういうこと、ですか?」

「どういうことって、あいつらはじめからここ大阪で、一仕事やろうと思っとった、ちゅうこっちゃがな」

「ということは……」

「そや、大阪に鑑《レツ》があるちゅうことや」

「それか、大阪に仲間がいるか、誰も知らない彼らの集合場所なんかがある、ということ……」

「そう、そうなんや。それや」

「それはスゴイことになってきたようですね。そういうことをLがみんな吐いたんですか?」

「(府警)本部の通訳センターから来た取り調べ官が、(Lにたいして)ブイブイいわせてな、Lはみんなゲロしよった」

「そいつはスゴイですね」。私はさっきからスゴイの連発である。

「それにしてもLたちは、大阪に鑑があったとはねえ、大阪のどこに彼らの居場所があったのかなぁ」

「そいつをあんたに教えてやろう思って、呼びだしたんや」

「それは、もう、なんと感謝すればいいのか……」

「エエか、あいつらはこの大阪にアジトがあったんや。それな、どこやと思う? ここからそう離れてへんで。新今宮のそばや。場所も詳しくわかっとる。ワシは、そこに今しがた行ってきたんや。そのすぐあとに、あんたに連絡してやったんやで」

そうか、だからこの刑事は、難波に私を呼びだしたのか……。この刑事は、これまでもあまりミナミ界隈(難波周辺)には出没しなかったはずだ。

「トンチュウさん、今から連れていってください」

「そう来ると思ったわ。せっかくやけどワシはもう見てきた。詳しい場所を教えるから、自分一人で見てこいや」

たしかに、私の仕事に、公費を禄《ろく》とする刑事を引きずり回しては申し訳ない。

「ここに地図を書いてくださいよ」

東中野刑事は、私が差しだしたメモ用紙をとりあげると、雑駁《ざっぱく》な地図を描き始めた。

「ここが、新今宮の駅やろ、そして、もうちょっと行くと、新世界やな……。そしてこの路地を入っていって、ドン突きを左……。ウンウン……。そしてここから三軒目の小汚いアパートや……。ウン、そこの棟末一階……。これでエエな、っと」

そして私にメモを寄越した。子供の落書きのようであるが、よくよく見るとさすが刑事である。土地鑑のない者でも絶対に迷わないように目的地が正確に書かれていた。

「ここに彼らは何日か、滞在していたのか。そこの部屋の借り主は誰ですか？」

「ある韓国人なんや」

「韓国人？　すると……」

「そうなんや、あんたが言っとった、アジア系外国人留学生グループの集いの場やったんや、そこは」

「やったんやって、今はもう誰もそこにはいないのですか？」

「曾根崎ウラの事件があって、そのあと大分の事件があったやろ？　そのあたりからその部屋にはもう誰も寄りつかんようになったそうや。だから今はなんちゅうか蛻《もぬけ》の殻や」

私は、すぐにでもそこに行きたくなっていた。グズグズしたくない。たしかに新今宮だったら、ここからすぐである。難波から南海電車が出ているはずだ。いくつ目の駅だったたか……。

「難波から急行で次や……」。東中野氏は、私の考えていることの答えをさらりと言ってきた。「この恩は必ず返します」。私はそう言って、南海電車のゲート目指して駆けだした。

通天閣、ジャンジャン横町、新世界、そして、天王寺動物園……。この大阪の代表的施設がすべて指呼の距離にある木造のアパート。聞いてみると、築三七年だという。かつてはこの手の集合住宅というのは珍しくもなんともなかったろうが、今では、やはり時代物の建築物としか映らない。

東中野刑事の書いてくれた地図は本当に正確だった。二階建てで、廊下の両側に部屋が並んでいる。一階入口には三和土《たたき》があり、住人、来訪者ともども、そこで靴を脱ぐ。三和土を上がったところに二階に向かう階段がある。

三和土横にある下駄箱には、漢数字で部屋の番号が書かれ、その下にその部屋の主の名前がさまざまな筆跡で書きつけられている。一階六室、二階六室、合計一二室。ただ、部屋のナンバーとその主の名前が揃っている部屋は五室しかない。

私は、東中野刑事から教えられた、件の外国人留学生が集う部屋の札に一番最初に目をやった。棟末の、入口から一番奥の部屋、一二号室。「一二號」と書かれた色褪せた札の下には、何も書いていなかった。

何かと都合の悪い借り主が、ここに名前を書くはずはないナ……。私は、そう思いながら、靴を脱いで一階の廊下を奥に向かって歩きだした。そのとき、下駄箱の余ったところに比較的新しい革靴が置かれているのを見た。

ここの住人のものだろうか？　そうだとしたら、このアパートの住人のなかにサラリーマンでもいるのか？　私はなんとなくこのようなアパートに住む住人というものは、いわゆる昼の仕事に行く者ではなく、夜な夜な町を徘徊するといった荒れた生活を送っている者ではないかと勝手に思ってしまっていた。だから、新しい革靴が妙に違和感をともなって見えたのだ。

なんの音も聞こえない。このアパートには、誰も住んでいないのか？　まだ、午後のそう遅くない時間である。人の気配がないのも当たり前か？　問題の部屋の前に立った。なんの気配もない。思いきってノックをしてみたが、なかでは人の気配がそもそも、ない。もう一回、ノックをした。

今度は、ドアノブに手をかけようとした。万が一、ドアの鍵が外れていないとも限らない。そのときである。

「あんた、誰?」と私の背後で不意に声がした。妙にかすれた声である。私は飛びあがらんばかりに驚いた。いつのまにか、私の後ろに人が迫っていた。あまりに唐突なことで、返す言葉もすぐには出なかった。

「あんた何しとんのや?」かすれた声が私を咎めている。私はようやく振り向いて、その声の主を見た。いかつい顔をした細身の男だった。背は一七五センチくらいか。黒いジャケット、ノーネクタイ。広い額に金壺眼《かなつぼまなこ》が燃えるように光っている。

「ドアノブに触らんといて。大事なシロモノやさかいな」。有無を言わさぬ言い方で、圧力をかけてきた。

「どういうことですか?」私は驚きから醒めて、一応ではあるが立ち直りの姿勢に入ろうとしていた。

「どうこうあるかい。あんたは誰で、ここに何しにきたんや。この部屋にはもう誰もおらへんで……」

こいつは警察官《デコスケ》だな。私はとっさに相手の職掌を見抜いた。このような高圧的な言い方は、これまで、この言い方しかしてこなかった者ならではである。

「誰もいないことは知っています。それを承知でここに来たんだ」

「あんた、何者や?」その男は、私の反論などには耳を貸す様子もなく、もう一度同じ質問をした。

「ジャーナリストだ。この部屋を取材に来たんだ」

「フン、ブンヤか。ブンヤさんが、なんか用かい、この部屋に。この部屋がどんな部屋か知っていて来たんか?」

「知らないでこのようなところに来るはずないでしょう。知ってますよ、韓国人が借りていた部屋でしょう?」

「そんなん、どこで聞いてきたんや」

「どこだっていいでしょう。それよりあなたはどなたですか?　なぜこの部屋のこのノブに触ることをあなたが禁じるんですか?　あなたはこの部屋の借り主なんですか?」

私はほとんど承知で、その男に尋ねた。こうして相手に訊くだけ訊いて、自分のことを何も話さないのもオマワリ特有の態度である。

「とにかく、この部屋には誰もおらんのや。ここじゃなんだから外に出よか?」

私が、出るとも言わないのに、その男は絶対に私がついてくると決めてしまっているように、踵を返して玄関口のほうに出ていった。まるで音がしない歩き方をする男だった。不意に私の後ろに来たのも、この歩行をしていたからであろう。靴を下駄箱からとりだして、外に出る。さっきの革靴は、この男のものだった。

外に出た私たちは、通りの片隅で向き合った。近くに通天閣が聳《そび》えている。

「ワシはな、こういうもんや」と言って、私に名刺を差しだした。その名刺には「大阪府警刑事部国際捜査課」と肩書きが書いてあり、「籠原孝一郎」（注　所属はそのままだが名前は仮名とした）と名前があった。

やはり刑事だった。もちろん私も名刺を切った。

「さて、あんたがあの部屋を訪ねた理由を聞かせてもらわなあかんな」

「だから、取材ですよ」

「なんの取材や？」

「そういうことを、えーと、かご、籠原さんに言わなければいけないんですか？　なんのために？」

「あんたは、あの部屋がどういう性質のものか、知っている、そう言うたな？　だったらなんで自分のような職分の者があそこにおったんかわかるやろ？　こんなところに、偶然、自分がいたなんて、あんたも思うとらんやろ。捜査や。捜査中の部屋に、あんたがノコノコやってきた。職質（職務質問）するのは当たり前やないか。それがワシの仕事や」

「自分」が「ワシ」になって、籠原氏の弁舌はさらにエスカレートしていきそうだった。しかし、私はこの刑事の仕事の邪魔をするつもりもなければ、ここで際限なく続きそうな論説を拝聴する時間だってない。

「わかりましたよ。しかし私だって、ここになんの意味もなく来たわけじゃありません。さっきも言ったが、取材ですよ。この貴重な現場には、どんなことがあっても足を運ばなければならなかったんだ。あなたのお仕事の邪魔をするつもりはありません。ただ、ドアノブに触ろうとしたことは素直に謝りますよ。私の指紋《モン》がついたら、そりゃまずいだろうからね。ですがね、それ以上、その職質とやらに答える義務だってないと思いますがね。だから、ここで……」

籠原氏は、こう言ってそこを立ち去ろうとする私を、いったんは見送ったが、数歩歩きだしたところで、「まあ、待てや……」と呼び止めた。

私はうんざりした表情をつくって振り向いた。

「あんた、どうしてここの部屋が貴重な現場ということを知ってるんや？」

「そういうことはニュースソースの秘匿、です。そんなわかりきったことを、なぜ訊くのかなぁ……」

「あんたはよくても、自分にはよくないな。この部屋のことを知っているのは、ワシらの商売をやっとるやつしかいてへん（いない）。それも、ごく限られた者だけや」

「そうかもしれないが、そんなことは私が言うはずないでしょうよ。私は、私の仕事上、ここが大切な場所だからやってきたまで、ですよ」

「わかった（わかった）。もう、ええわ……。それよりあんたは、なんでここがそんなに大事やと思うとるんや？」

「籠原さんがここで張り込みしなければならないくらい、ですよ」

「フン、ブンヤは口が達者やな……。自分は、ここに兎我野町の下手人たちが毎日詰めとったことを聞きだしたから、ここが重要地点になっとるんや」

「風俗嬢殺しでしょう？　それに、もっと大事なのは、大分の恩人殺し、そしてこの二つの事件は合同になった。しかし変だな？　だったら大分のデカさんも、ここに一緒に張り込んでいてもいいはずだが……。籠原さん、ここがやつらのアジトだということは、まだ大分に言っていないんじゃないの？　そうだ。Lをタタいた（取り調べをした）のは、大阪の通訳センターから来たデカじゃなかったか？　そういうの、いいの？」

「それこそ、あんたにはなんの関係もないことやろ？　口の減らんやっちゃなあ。まあエエ。たしかにあんたの言っとることはそう間違っとらん。この部屋のことは、Lがゲロったんや。そこまで知っとるんやったら、ワシが言うことは何もあらへん。けど、あんたはなんでそこまで、このヤマに興味もってんねん？」

これだけ話していても、私たちのポジションは、先ほどからまったく変わっていなかった。籠原氏は忠実に自分の張り込みの仕事を、この会話のあいだも遂行していたのだ。私は、この話が長引きそうな予感がしたので、いったんは場所を変えることを申し出ようと思ったのだが、籠原氏の仕事にたいする忠誠に敬意を表して、その場での会話を続けようと思い直した。

「じつは籠原さん、私が兎我野町の事件や大分の事件に興味をもっているのは、ですね……」。私はこう切りだして、籠原氏に世田谷一家殺害事件の調査・探索をライフワークにしようと思ったそのきっかけから、これまでどのような取材をしてきたかを伝えた。なかでも、この長期取材において、とくにアジア系の外国人留学生の存在に特別な関心が芽生えてきたことは、かなり入念に話した。

籠原氏は私の話が終わると、大きく息を吐いた。しかしその間も、例の部屋のあたりをときどき鋭い眼差しで睨みつけていた。優秀な刑事なのであろう。

「よう、わかったで。しかし、この部屋にはもう何もあらへん。蛻《もぬけ》の殻っちゅうやっちゃ。壊れたテレビ、壊れたラジオ、足のとれた卓袱《ちゃぶ》台、腐りかけの黒豆が入った冷蔵庫、これも壊れとったわ。それに……」

そこで、籠原氏は不意に黙ってしまった。おそらく、私には告げることができない重要な証拠（品）があったのであろう。私も、そこまではこの刑事から聞きだせるとは思っていない。だから私も彼の心境に気づかないふうを装って黙っていた。

「籠原さん、まあ、頑張ってください。私はここらでいったん、引きあげますわ」

「ウン、そやな。ああ、そうそう、あんたの携帯のナンバーでも教えといてくれんか？　連絡とりたくなるときがあるかもしれん」

私たちは、携帯のナンバーを教えあった。

犯罪ネットワークをつなぐもの

すでに二〇〇二年二月も半ばを過ぎていた。二〇〇一年末に起きた大阪の事件と、二〇〇二年初頭に発生した大分の事件は、大阪、大分の警察本部による合同捜査本部が設置され、捜査は鋭意、進捗していたようである。

大阪の事件は、朴哲ならびにLという二人の中国人留学生による犯行で、そのうち、Lは逮捕されたものの、朴のほうは、いまだに行方がわからない（中国へ逃げ帰った、という説が有力であったがそれもわからない。出国にかかわる渡航記録がないのだ）。

一方、大分の事件は、大阪の事件にかかわった朴、Lに加えて、張越、安逢春という中国人留学生と、金玟秀という韓国人留学生、都合五人による犯行だった。なかでも朴と張は、恩人であった吉野諭さんを惨殺せしめた実行犯であった。

朴、Lを除く三人のうち、安と金はそれぞれ逮捕された。ただ張だけが朴と同じように行方不明となってしまった。そして、少なくとも、大阪の事件の主犯である朴とLは、新今宮駅近くの古いアパートを大阪でのアジトとしていたことがわかっている。

このアジア系留学生を中心とするクリミナル・グループは、全国津々浦々どこに行ってもアジトを設け、そこを基盤として仲間と集い、そこで計画を練りあげ、大胆不敵な犯罪を繰り返すのだ。そして、そこには、彼ら仲間同士の緊密な〝連絡網〟が必ず存在するはずである。

私は数カ月前、品川プリンスホテルで、ベトナム人研修生を相手に一席ぶったうえで、彼らをこのクリミナル・グループに引きずり込もうとした中国人、そして韓国人の男たちのことを思っていた。

おそらく、全国どこのアジトにおいても、こういう者がいて、これはと目をつけた仲間を募ったうえで、彼らを煽動し、クリミナル・グループに加えているのだ。

クリミナル・グループという言葉を最初に捜査官の口から聞いたとき、私は、その言葉がもつ深刻な意味よりも、警察もいやに洒落た言葉を使うようになったな、と妙な感心が先に立ったものである。その感心もつかのま、私はこのグループの重大性に気づかされることになるわけである。

警察官でその重要性に気づいていたのは、私の知るかぎり、この単語を口にしたあのベテラン警察官一人だった。ただし、結論だけをいえば、警察のこのクリミナル・グループにたいする意識は、その後、コペルニクス的転換を迎えることとなった。

その大転換は、警視庁の機構の大幅改編というかたちで現実化した。それまでまったく存在しなかった外国人犯罪専門のディビジョン（正確にいうと課）が新設されることとなったのだ。課が新設されるというのは、警察のような変化を嫌う機構においてはよほどのことである。もっとも、この意識変化から機構替えまでに相応の時間が経過していることは、ここで確認しておかなければならない。

クリミナル・グループとは、一言でいうと日本に滞在している主に北東アジアを中心とした年齢層の低い（二〇代から三〇代と見て差しつかえない）者たちで構成されている犯罪集団ということになる。私は、このグループへのアプローチを再三にわたって試み、多数のグループ員への取材を続けてきた。この取材の結果、ようやく彼らの実情が見えてきた。

ここで間違ってはいけないのは、わが国に滞在する北東アジアの青年すべてがこのクリミナル・グループにかかわりがあるわけではない、ということである。当然であるが、グループに入るのは、そんな若者たちのなかでは少数派中の少数派である。ほとんどの者は真面目に日本で何かを学ぼうとしている。私にしても、そのことは百も承知である。しかし、一方で日本の犯罪史上まったく新しい形態の犯罪集団が存在していることに目をふさいではいけない、と感じるのである。

まず彼らはグループにスカウトされる。私が驚いたのは、スカウトする側の目利きの正確さである。グループの実情がほとんど漏れてこないということからも、彼らが精鋭揃いだということがわかる。

彼らは、つねに離合集散を繰り返している。小さいグループに分散することもあれば、主だったグループが集まることもある。そのつど、つまり犯罪のたびにグループを形成するのである。

私はある韓国人留学生にこんなことを聞いたことがある。

「私たちを結びつけているものは、カネだけです。カネを求めている者は、私にかすかな発信をしてきます。私のアンテナがそれをとらえ、私は彼に話しかけるのです。ただそれだけです。私たちに共通点があるとすれば、それはカネ、という生きていくためにもっとも大切なものだけです。精神的なものは必要としません」

彼らに精神的な何かは必要ではないのである。痴情、怨恨、あるいは復讐が原因となった犯罪は一切ない。

またグループ内では相互に競争心が芽生える、ともいう。だからこそ、大きな犯罪をやりとげて自己顕示を行なうのである。これが彼らを特殊なグループとして際立たせている。思いのほかきついグループ内の縛りも、彼らを自己顕示に駆りたてる。

そして、もう一つ、とりわけ重要なのは、このグループが犯罪を行なうのは、この日本国内のみである、という点である。そして、その犯罪が残忍であればあるほど、彼らはグループ内で優位な地位に立つことができるというのだ。

メンバーには留学生が多いだけに、それなりの頭脳は有している。そして、極端な反日精神をもちあわせているわけではない。ただ、彼らの犯罪にたいして、この国があまりに無防備なのである。

自分たちをいつまでも下級外国人扱いする「あの目がいやで」積極的にグループに加わり、やがて中心になっていった韓国人がいた。その一方でセキュリティーに無頓着でバカみたいに人を信じる日本人からカネを奪いとるためにグループ入りしたという中国人もいた。

彼らは国籍も言葉もまったく異なっているうえ、出身国の経済格差も大きい。日本に来た理由も異なるであろう。それにもかかわらず、日本国内においてはコミュニケーションが成立してしまうのである。私はかなりの数のメンバーに尋ねたものだが、その間の機微を理解することはできなかった。

二〇〇〇年以降、外国人犯罪の数は月並みな言い方ではあるが、うなぎ登りである。そのすべてがグループによる犯罪ということはできないし、実際、そうではないであろう。ただ彼らは、いつもどこかで次なるターゲットを狙っている。あるメンバーは言った。

「命に重みは感じない。ただ、そこにあるカネには充分な重みを感じています」

だが私はクリミナル・グループを取材しているあいだに、ある疑問にぶつかった。それは、この集団を構成するときの情報網についてである。いったい彼らは、どのような情報にもとづいて新規メンバーを物色したり、あるいは相互に連絡しあったり、重大な犯罪の計画を練りあげていくのであろうか？

彼らのあいだに力強いツールがなければ、これだけの集団をつくりあげることなどできるはずもない。そのツールとは、何か？　私はつねにそのことを思案するようになっていた。

私は、この思案を限りなく繰り返して、やっとある結論にたどりついた。その結論は、意外でもなんでもない。むしろ当然の結論かもしれなかった。灯台もと暗しとでもいうべきか。

私の取材の最終目的である世田谷の事件について、もう一回、これまで報道された情報を反芻してみてほしい。この事件の下手人は、四人も人を殺したあとも現場に残っていた。そこで彼らは、何をしていたか？　ここに答えがあった。それは、インターネットである。

彼らとインターネットというのは、文字どおり一心同体だったのであろう。彼らとしては、人を殺したあとであっても、インターネットを閲覧しなくてはならないのだ。

それは、つまり、彼らクリミナル・グループの、もっとも重要な情報ツールがインターネットであるということにほかならない。このことにもっと早く気づくべきであったが、それでも私はこの発見に心がはやった。

彼らは、わが国の同世代の青少年にくらべて、卓越したパソコン操作の能力を有している。彼らは日本にやってきて、ネットの環境を確認する。そして一様に満足するようである。相当のことができる状況にあり、なおかつ、その充実したネット環境を日本人が使いこなしていない、という事実をも知るからである。

多くのメンバーがこう言ったものである。「私たちのもっとも大きな情報源はネットです。ただ、日本人はそれをまったく使っていないように見えます。私たちからすれば、もったいないとしか思えませんが、そのほうが、私たちにとっては好都合です」

これはクリミナル・グループの核心の一部といっていい。世田谷一家殺害事件は、このネットというものの存在を浮き彫りにさせた。犯行後、被害者のパソコンを苦もなく立ちあげ、まるで自分のマシンのように操った犯人は、その痕跡を残さなかった。つまり足がつくようなヘマは決して犯さなかったのである。彼らにはそれが当たり前だった。が、世紀末の日本においてはそれはいわば先端的処理だったのだ。

ましてや警察にいたっては、ネットの存在など歯牙にもかけていなかった。すでに日本に着床し、発芽しつつあった特殊な犯罪グループの存在と、彼らを結びつけるインターネットというツール、これを警察は軽視したのだ。多くの警察官は、インターネットなどはせいぜいオタク連中の手慰みという程度の認識しかもちあわせていなかった。「あれは落書き」とバカにしていたのである。わずか五年ほど前は、これが実情だったのである。私はその実情を、当の警察官（それも数十人以上）から聞かされていた。

その後、警察は、前述したように外国人犯罪にたいする専従の課を新設したし、一方では、ハイテクを駆使した犯罪に対応するために、その分野の専門官をスカウトし、これまたハイテク犯罪に抗する専門の対策班（警視庁ハイテク犯罪対策総合センター、警視庁生活安全部に直轄化）も増設することとなった。

このような状況を見ても、世田谷一家殺害事件が日本の犯罪史上、類例のない事件であったことがわかろうというものである。

第8章　一致した指紋

衝撃の検分結果

二〇〇二年二月の半ば、意外な人間から電話があった。

「齊藤……さん、やったな？　ワシ、こないだおうた籠原や」

「おう、籠原さん？　どうしました？」私の胸が一気に高鳴った。

「あんた、まだ大阪におるんか？」

「いえ、ちょっと仕事の都合があって、今（東京に）戻ってます」

「あれから、どえらいことがわかったで。ごっついことやで」

「どういうことですか？」

「ええか、ワシはあんたにたいしてサービスしたるンや、この話のさわりを聞いたら、絶対にこっちに上がってこな、アカンで」

「当然、当然、もちろんです」。今すぐに、大阪に行ってもいいのだ。

「あんたと会ったあの部屋、恵比須西（新今宮近く）の部屋や。あそこの徹底検分の結果が出よったんや。それでな……」

「それで？」その検分の結果を私は待っていたのだ。

「あんたどうする？　そこで出た指紋《モン》なんやけどな、警察庁経由で検索したら、世田谷の現場に残されたものとほぼ一致したんや！」

「なんだって！」私の声の抑制が思いっきり外れた。

「これからすぐに、そっちに上がります！　夜には、会えまっせ。籠原さん、ええですか？」籠原氏につられて、私も関西訛りになっていた。

「ハハッ……。えらい気の入れようやな。ええで、夜、待っとるわ。オオ、それとLも、結構ごついこと、ゲロっとるぞ。それも、そんときに話したるわ。馬場町（大阪府警本部のこと）のそばに来たら、ワシの携帯鳴らしてや」

スゴいことになってきた。私の胸は高鳴っていた。

おそらく籠原氏は、今いる帳場（捜査本部のこと。警視庁あたりでは「飯場」などと言っている）とは、関係のないところについてだけ、私に〝サービス〟する、と言っているのであろう。

警察法というものがあって、他の管轄区で発生した事件には、同じ警察官といえどもおいそれと手を出せないことになっている。仮にどのような情報を得ようともだ。

換言すれば、他の管轄の事件などには興味もないし、捜査に協力もしたくない、ということである。要するに役人特有の（警察官といえども役人の端くれである）セクショナリズムである。みすみす他の警察の手柄になるような無駄な労力は費やしたくない、ということである。

他警察のヤマのことだから、籠原氏のような立場にある者が、私に情報提供してくれる。ということは裏側から見れば、大阪の事件も大分の事件も、いずれも世田谷一家殺害事件とのつながりが、それも、じつに濃いつながりがある、ということである。大阪、大分合同捜査本部の捜査を手がけている者が情報提供してくれる、というのはつまるところ、そういうことである。

「他のヤマのことはまったく関心がない」というすべての警察官に共有されている意識について、その歪みに疑問を呈すべきなのはいうまでもないのだが、このときの私はその歪みによって、求めている情報を得られることに感謝したい気持ちになっていた。私はすぐに大阪に向かった。

「東京での大仕事」

「やあ、待ったか?」

籠原氏は、ニヤニヤ意味ありげな笑みを浮かべながら、俯いて書き物をしていた私の横腹を突いた。籠原氏に指定された全日空ホテル一階バーの一番奥の席である。大阪中之島をかたちづくる堂島川沿いにあるホテルで、浪速の銀座(と言われているのかどうか、私が勝手に言っていることである)北新地とは目と鼻の先だ。

「全然。籠原さん、コーヒーでも飲みますか?」

「そやな。一杯だけもらおか」

コーヒーを飲んでいるあいだ、籠原氏は、事件についてほとんど何も話さなかった。

「ワシは、かつての南海(ホークス)が好きやったんや。あんた、南海知っとるか?」とか、「小池(兼司)ちゅうショートがおった。こいつがなんちゅうか、いぶし銀でな。ワシが一番好きな選手や」などという話をした。私ももうそのときは身売りしてなくなっていた阪急ブレーブスの大ファンだったので、籠原氏の話に存分に追従できた。なんとなく和んだ時間だった。「ワシはダイエーなんぞ嫌いや。やっぱ南海がええな」。その言葉で、私たちは河岸を変えることにした。

それから一五分後、私たちは北新地の小洒落た焼鳥屋にいた。籠原氏は灘の清酒を冷やで飲んでいた。

「籠原さん、指紋《モン》のこと、詳しく話してください」。私は透明の猪口《ちょこ》に酒を注ぎながら促した。

「そやな、うちと大分の事件のことは話さへんで。よろしいか？　あんな、あの部屋を徹底検分して、いくつかの証拠が出てきたんや。モンは当然、いろんな微物、その他もろもろ……。そんなかに、例のモンが出よったんやな」

「例のモンて、世田谷の、ですか？」

「そうなんや。採取されたモンはみんな一応、（警察庁刑事局鑑識課指紋センターに）照会しよるやろ？　それで、そのことがわかったんやな。ごっついネタやろ？　あんたにとってはな……」

「しかし、これはどのように解釈すべきですか？　大阪と大分の事件のホシが屯《たむろ》っていた外国人留学生たちの〝巣〟から、一年ちょっと前の大事件の現場から出たモンが出てきたというこの事態を……」

「簡単なこっちゃ。世田谷のホシがその〝巣〟におったんやろ。つまり、うちのヤマのホシども（逮捕されたLや逃亡した朴、あと張、安、それに金のことである）と、世田谷のホシは、あのアジトで顔を合わせとる、いうこっちゃ。とくに兎我野町のホシやろ。ただ、うちのヤマのホシは、そこに屯しとった連中のなかで、誰が、世田谷のホシなのか、知らんのかもしれんなあ」

「しかし、そのことを当の警視庁には、当然、知らせているんでしょう？　だけど、成城（成城署＝世田谷一家殺害事件の捜査本部が置かれている所轄署）の飯場では、そんなことまったく関係ない、というか知らない感じでしたよ。私だっていつも成城の飯場に詰めているわけじゃないけれど」

「そういうことはワシには、わからんな。そりゃあんた、警視庁ハンの話やがな。ただ、こんな大事なこと、当の帳場に知らせん、ちゅうことはないわな、サッチョウ（警察庁）ハンが……。もっとも知らせても〝お化け〟（指紋のこと）が出てきた場所が浪速やさかい、管轄外で、しかもお互い敵意剝きだしのライバル同士っちゅうこともあって、こりゃ手も足も出ん、思うたんちゃうか？　それで、あえて、静観しとるんちゃうやろか？　うちの会社（大阪府警本部）やったらそうする思うわ。こういうときは静観の構えちゅうのが一番エエ、武士は喰わねど高楊枝ってな。だけど、そういうんは、うちより東京の流儀やないんか？」

籠原氏はこともなげにこう言うが、悪しき役人体質としか思えない。私にはとうてい理解できない心理で、憤りを感じずにはいられなかった。

それでも私は「フーン、そういうことか……。ところで籠原さん、昼の電話で、帳場で叩いている（取り調べている）Lがえらいことを言っている、って言ってましたね？　あれ、どういうことですか？」と無理矢理、話題を転換させた。こんなときに警察の体質についての是非論を闘わせてもしかたがない。

「そのことや……。Lは、大阪ではあの部屋が『われわれの集会所』と言っとったわ。それでな、こんなことを言ったんや。そこにいつもいた仲間のうち、リーダー格のような男が『オレは、一年前、東京でどえらい仕事やったんや』て自慢してたってな。そいつは韓国人やったんやと」

　私は絶句するしかなかった。間違いない。その「どえらい仕事」というのは世田谷一家殺害事件以外、考えられないではないか。

　震えているのが自分でもわかった。何による震えなのかわからない。それでも、震えが止まらなかった。胃のあたりから震えが来て、それは遡って歯を鳴らす。私は、この極秘情報を取得することによって、いよいよ世田谷の事件にたいして肉薄していることを実感していた。一時の興奮をなんとか静めて、私は籠原氏に問うた。

「Lはまだ帳場に泊められているのですか？」

「当たり前や。ガンガン叩いとるで」

「しかし、外国人留学生といっても、中（国）もいれば、韓（国）もいる。僕が取材したベトナム人だっているし、その他にフィリピンや、タイや、ミャンマーだっているでしょう？インドやインドネシアもいるかもしれない。彼らは、そのような秘密のアジトに集うのはいいけれど、そこでちゃんとコミュニケーションがとれているのかな。言葉がまったく違うわけだからね、そこのところはどうなっているんでしょうねえ？」

「Lを叩いてる取り調べ官によると、どうやらやつらは、片言の英語をつこうてるらしいで。それで充分なんやと。結局な、あいつらは日本でどんなことしてもエエから、カネを自分の国にもって帰るんが目的なんや。そういうこと考えとるやつらだけが、ああいうアジトに集まるんやな。みんな目的は一緒や。だから、言葉なんかいらん。あんた、言葉なんかいらん、ちゅうのは何も、只今、大恋愛をしている恋人同士だけじゃありまへんで。そやろ？　ああいう犯罪集団だって、ややこしい会話をせんでも充分行動できるんや」

「なるほど、そういうものですかね」

「通訳センターの取り調べ官が、ギュウギュウ絞って、ゲロさせてるさかいに、そこんとこは間違いないやろ」

「なるほどね……」

私はそう答えてから、しばらく思案した。そういえば、ベトナム人の場合だって同じだったはずだ。彼らベトナム人を煽動したのは、中国人と韓国人だった。彼らには国籍はないんだ。あるのは、ここ日本でいかにカネを稼ぐか、ということだけなんだ。そうなると、たしかに最小限のボキャブラリーだけで意思疎通はできるよな……。

籠原氏の話には全面的というわけにはいかなかったが、それなりの説得力があった。籠原氏の言う「犯罪集団」の底流に流れている〝共通の意識〟には、私もこれまでの取材で気づいていたし、それよりなにより、それを裏付ける興味深い事実を彼は教えてくれたのだ。

「あんな、やつらは、ネットを使って情報を交換しとるようや。少々といっても英語を共通語のようにしたり、そのへんはやっぱり、現代っ子やな。だから、ああいう集団には留学生が多いんやろな。それでな、ネット使うときには、なんちゅうか、隠語みたいなものがあって、それが目印になるんやと。たとえば英語の文章のなかに、漢字を一字入れてみたりするっちゅうんや。中国人は当たり前やが、韓国人かて漢字はわかるやろ。その他の国から来た者にも、暗号めいた漢字を使うのがルールなんやと。これな、みんなＬがゲロったことや」

「驚きだな……」。これ以上の言葉が出ない。

その後、大阪の風俗嬢殺しと大分の恩人殺しについて、Ｌの供述をもとに、籠原氏は、自分らの捜査に支障のないところを話してくれた。私はその後、ふたたび大分を訪れて、今度は、逮捕された連中（つまり安、金、Ｌ）の供述を中心に、先の大分県警捜査一課の担当官から、事件のおさらいをさせてもらった。

それにしても、籠原氏からの情報は凄まじいものであった。ここに、はじめて具体的に、世田谷のホシに迫る話が出てきた。新今宮駅近くの、あのアパートの〝あの部屋〟に、そのホシが一時的にせよいたという実感は、動かしがたい重みで私に迫ってきた。

ただ、そのとき私は世田谷事件について、司直や他のマスコミ関係者に大きく水を空けた、という優越意識に近い感情に溺れそうになっていた。だがこのあと、私はもっとショッキングな情報にぶち当たることになる。

警察情報の隙間の「けものみち」

籠原氏から飛びだした情報は、私の取材活動に格段の飛躍をもたらした。私の取材は、その対象がほとんど絞られてきたといってよかった。ここまで来た以上、あとは自力でホシを見つけださなければなるまい、そう思った。

この思いを、「何を大それた」と鼻であしらうことは簡単である。「警察がここまでやっても見つからないホシを、どうして一ジャーナリストが見つけだすことができるのか?」そんな声が聞こえてきそうである。

しかし、警察には重大な欠陥があることを、ほとんどの人は知らない。それは、これまでにも再三、指摘してきたが、要するに警察がもつセクショナリズムと悪しき役人体質である。大阪のヤマ（風俗嬢殺し）を捜索した結果、余所のヤマ（世田谷一家殺害事件）のどえらい物証が飛びだしてきた。本来なら速やかにこの証拠を管轄先の警視庁に伝えるべきであろう。

しかし、籠原氏の言うように、その情報が伝えられたかどうかすら、判然としないのだ。たとえ伝えられたとしても、それをもてあましてしまうとまで籠原氏は示唆した。これがおそらく現在の警察機構の現実であろう。

さらに付け加えるならば、品川プリンスホテルの一室で検出された件の指紋にも同様のことがいえるのだ。彼ら警察は、その最重要な証拠検出の事実を、少しも公開しない。それは、大阪の古アパートから検出された指紋の場合とまったく同様、もてあましているからにほかならない。

特級の証拠が検出された。さて、そこから先、どのようにホシにまでたどりつけばいいのか。その術がない。だから、そのような重要極まりない材料は、公開しない。下手に公開して、その先、捜査になんの進展も見られないと、世間からどのような批判や非難が飛びだすかわからない。そういう場合は、捜査上の秘密としてしまい込んだほうが無難という結論になるのである。

また、警察の壁は、何も地域や管轄だけにあるわけではない。情報元にたいしても、このような壁は厳然と立ちはだかる。つまり、鑑識結果や仲間内から出た（仲間が得た）情報だけを鵜呑みにして、民間から（あるいは当事者からかもしれない）発せられるさまざまな、ある種、ごった煮的な情報などは歯牙にもかけられない。

情報などというものはいつの場合においても玉石混淆である。身内第一主義（これを特権意識と言い換えてもなんら差しつかえない）が、そこにある特級の情報を看過させ、むざむざとホシをとりこぼしてしまう。ゆえに私はマスメディアの人間がしたり顔で言う「警察があれだけやったことを……」という言葉や状況にたいして、いつも懐疑を抱いている。

本当のところ、警察情報については、いったいいくつの陥穽があるのかわかったものではない。だが逆にその陥穽は、私のような立場の者が滑り込める、いってみれば〝けものみち〟の入口でもあるのである。

第9章　決定的証言

在日韓国人木下氏からの連絡

私が、東京、大阪を往復しながら〝けものみち〟の探索をやっていたとき、思いもよらぬ大ネタが、ある人物からもたらされた。それは、大阪にいる在日韓国人からのものであった。その人は大阪市内でいくつかの事業をやっており、名を木下（仮名）という。

一〇年は遡る。ある経済事犯を追いかけているとき、この木下氏と知り合った。そのとき木下氏は金融業のようなことをやっていた。別に幼稚園の経営にも携わっていたはずである。その経済事犯の主犯格の人物が、この木下氏をなにかと頼りにしているという情報をつかみ、私はさっそく面会を申し出た。

「なんや、わざわざ東京から。暇やのう。ワシに会って何を聞こういうねん。帰れ！」今にも火を吹きあげそうな眼光で私を睨みすえながら、木下氏は怒鳴った。怒鳴ったというよりも、吼えた。白髪を綺麗になでつけ、下腹の出た一見温厚な紳士に見えるが、薄い眉の下にある細い目は、いかにも酷薄な印象を拭うことができない。服装はラフだった。

当時、木下氏の事務所は大阪のＪＲ鶴橋駅から徒歩三〇秒のところにあった。そこは誰もが知っている韓国人村であった。まるで敵地にでも乗り込むような気構えで木下氏を訪ねたところ、先の〝咆吼〟の挨拶をされたのである。私は怯《ひる》みっぱなしだったが、それでも「木下さんを訪ねて、はるばる鈍行を乗り継いで大阪に来た。帰りの汽車賃はない。話をしてくれるまで、ここに泊めてもらう」と言った。

すると、木下氏は「ウソばかり言うな！　アホか。ここに泊まれるもんなら泊まってみい！」と言って、事務所を出て行き、外から鍵をかけてしまった。

それから丸二日、その事務所には誰も現われなかった。外から鍵をかけたといっても、当然、内側から解錠して、外に出られる。別に軟禁されたわけではないのだ。それでも私はその事務所で、木下氏がやってくるまで待ち続けた。彼の自宅に行こうにも、その自宅住所がわからなかったのである。その間、生理的な欲求は事務所内の手洗いですませ、食欲のほうは、事務所が入っているビル一階（その事務所はビルの三階だった）のテイクアウトできるチャイニーズフードデリカから調達した。おかげで、そこの店主とは顔見知りになった。

その調子で二晩明けた日の午後、木下氏が二日前とはうってかわってスーツ姿で事務所にヒョイと現われた。事務所のドアを開け、傍らにある電気のスイッチをつけたとき、部屋の中央部にあった応接用ソファに座っている私に気づいた。

「あんた、そこで何しとんのや！　家宅侵入、やな。それとなんや盗ったんちゃうか？　さて、ケーサツ、イコカ」

「木下さん、あなたが私にここに泊まってもいい、とおっしゃったんですよ。お忘れですか？」

そのときまで木下氏は私が誰かわからなかったらしい。

「何？　あんたは、たしか、どこぞの記者か？」

「そうですよ、齊藤といいます」

「あんたは、ホンマのアホやろ……」。そう言って、木下氏は、部屋の奥にある自分のデスクにドカッと座った。「何を訊きたいんや」。それが木下氏からの、取材に応じてもいい、という合図だった。そのとき木下氏から聞いた話は、私にとってても忘れられないものとなった。その談話をもとに記事を書き、それがやがては事件解決への糸口となったのだ。

それから私は、大阪界隈で起きた事件などの取材のときには、必ずといっていいほど木下氏を頼るようになった。木下氏が私のことを気に入ってくれたのか、あるいはその反対なのか、それはまったくわからない。

木下氏の人脈は裏から表までじつに広大だった。私がどのような要請をしても、いとも簡単に「その件やったらいい人紹介したるわ」と言って事件のキーマンともいうべき人を紹介してくれた。それでいて、浪速人特有の、いわゆる見返りというようなものは一切要求しない。ときどき連れていってくれた鶴橋名物、本格的韓国式焼肉の店でも、彼は私に支払いをさせなかった。

その木下氏から、連絡が来た。世田谷事件の取材を始め、大阪にたびたび通うようになった、その当初から、木下氏に連絡して、密かに私の取材の目的を話しておいたのである。

そのとき、木下氏は「ワシも同胞売るようなことだけはしたないなァ……」といつになく私の要望を断りかけたが、それでも「まあ、エエ、なんとかしてみよか……」と何拍か置いたところで言ってくれたのである。

じつは木下氏は、長期的な場合はもちろん、一時的にでも来日している若い韓国人らの世話役のようなこともしていた。そういう立場があるから、私の要望を快諾するわけにはいかなかったのであろう。しかし、私はその立場を承知で、木下氏に、ある要望を伝えていた。「新今宮駅そばのアパートに出入りしていた韓国人を探しだしてくれないか」と、こういうことを懇願していたのである。この要望が木下氏を悩ますだろうことも、予想していた。しかし、木下氏ならばきっと、私の前に要望どおりの人間を連れてきてくれる、と信じていた。そしてその木下氏から、待ちに待った連絡が来た。

「齊藤ハンでっか？　御指名の子、二人、捕まえましたで……」。挨拶抜きで、そのうえ軽い調子で、しかし、とんでもないことを告げてきた。

「今からすぐにそっちに行きます！」　私は礼も言わずに、そう叫んだ。山手線に乗って、これから二つ先の新宿に行くような言い回しだった。

「ほな、待っとります」。木下氏のほうも、まるで新宿のどこかにいるような気安い言い方をした。〝けものみち〟の探索も佳境に来ていることを私は実感していた。二〇〇二年、もう夏はすぐそこに来ていた。

泉尾公園の夜

この取材で大阪に来たのは、これで何回目だろうか……。そんなことを考えながら、私は四天王寺近くにある大阪けいさつ病院すぐ脇の小さな喫茶店の片隅に座っていた。

客は誰もいない。昼間は病院の見舞客や患者などが息抜きに来る店なのであろうが、日も暮れて一時間も経つ午後九時近くともなると静かなものである。マスターというべきか、いつもはカウンターの内側にいる店主もいなければ、ウエイトレスもいない。ＢＧＭすらかかっていない。その店には私一人しかおらず、かすかに私の衣擦れと呼吸の音だけが聞こえていた。

そのときである。突然、静寂は引き裂かれた。凄まじいブレーキの音が聞こえた、と思ったときには、喫茶店のドアがバアッとばかりに開かれ、表に停めた車から木下氏が店に飛び込んでくるのが見えた。

木下氏は、息を切らしながら「齊藤さん、はよ（早く）表の車に乗って！」と叫んだ。

私はわけがわからず、戸惑ったが、木下氏の指示どおり、鞄だけ手にして、そのまま表の車の後部座席に乗り込んだ。後部座席のドアが開いていたのである。〇コンマ何秒かあとに、木下氏が私の隣りに乗り込んできた。

「早く行け！」木下氏は韓国語でドライバーに指示した。車はすぐに走りだした。結構なスピードを出して住宅街を走り抜けている。とんだ展開になっていた。私は、この数十秒のあいだに起きた事態の一〇分の一も理解できていない。車窓の外の風景を見ながら、私は木下氏を詰問した。

「どうしたんですか？　木下さん」

木下氏は数秒、黙ったあと、こう言った。

「齊藤さん、約束の件は、きちんと守っとりますから安心してや。前の二人が、あんさん（あなた）の会いたがっとる男たちや」

たしかに運転席と助手席には、二〇代と思われる男がいた。一人はもちろん運転している。

「え？　すると、この人たちが例の？」

「そうや」。この間も木下氏は、ときどき後ろを振り返った。

「あの、誰かに追われているんですか？」

「あんたは、気にせんでもエエ」

「そうはいっても、いったいこれからどこに行くんですか？」

車は住宅街を巧みに抜け、天王寺駅近くに出た。さらに今度は比較的広い道を西側に向かって疾走した。途中、ふと外を見ると、どうも見慣れた光景である。そこの交差点に掲げてあった標識を垣間見ると「新今宮」と書いてある。

例のアジトのそばである。しかし車は、私の感慨などまったく無視するように、スピードを増していく。交差点の標識をそのつど見る。南開、中開という地点を過ぎると、大阪都市高速の北津守というランプ入口の標識が見えた。さらにまっすぐ進む。高速道路の高架下を突っ走っていく。

それから数分、左側に高いフェンスに囲われた夜目にも特徴的な建物が見えた。目を凝らしてみると「泉尾変電所」とプラスティック製の看板がフェンスに掲げられていた。そのあたりから車はスピードを落とし、やがて今度は本当に真っ暗な場所で車は停まった。

あたりはただ闇が支配していた。周囲は工場街のようであるが、そこはグラウンドのような広い公園であった。園内のところどころに樹木が植わっている。かすかに潮の香りが漂っている。それも、油泥にまみれた黒い海の匂いである。大阪湾に近いところだと勝手に見当をつけた。

「着いたで、齊藤さん」。木下氏が言った。車のエンジンが切られ、ヘッドライトも落とされた。闇が強調される。遠くに点滅する光がいくつか見えているだけだ。

「降り（車を降りて）」。私は指示されるまま、車を降りた。木下氏も、前の二人も降りてきた。私はまるで彼らに拉致されたような気がしていた。

「ここはどこですか？　いったいここに来るまでの騒ぎはなんだったんですか？」

「そういくつも質問されても、一回で答えられへんがな。まず、ここは、泉尾公園ちゅうところや。あんたがゆっくり話せる場所や。今は季候も悪くない。野外で取材、ちゅうのもオツなもんやで。それと、これはさっき言うたな、ここにいる二人は、あんたが会いたがっていた人間や。名前は……、名前は、そやなあ、大きいほうがキム、こまい（小さい）ほうがリとでもしとこか？　ここで、あんたに本名言うてもあまり関係ないやろ？　要は、こいつらが、あんたの言っていたグループの一員であればええんやろ？　間違いない。それはワシが保証したるわ。これまで齊藤さんに嘘ついたことないやろ？　だから信用せえや。

それと、次の質問は、なんだったかいな？　おお、そうや、なんで、こんなややこしいことせな、いかんかった、ちゅうことやな？　それはな、ワシがこいつらに、来てくれや、言うて、呼びだしかけたときに、同じ仲間が何や感じて、こいつらを引き留めよったんや。こいつらの仲間は、あんたが追っかけている例の風俗嬢殺しの件で、オマワリに目ェつけられとんねん。それで、今でもピリピリしとるわ。事件から半年経ったちゅうのにな。そんなときにワシがこいつら呼びだしたから、仲間が下手に警戒しよってな。ワシらのあと、追いかけてきたんや。あんたが待っとったサテンの近くまでつけてきよったんやで。危ないところやったわ。

けどこいつらは、ワシがしばらく面倒見とんねん。だから、仲間よりもワシの言うことを聞くんや。それでここまで来た、ちゅうわけや、ここまでは追っかけてこんし、つまりここは安全地帯ちゅうことや。これで、ええか？　齊藤さん、ここまでしてやったんや。しっかり取材したってや。通訳はワシがやったるわ」

木下氏は一人でしゃべり続けた。私はこの間、一切口を挟まなかった。ただ木下氏の仁義に心底、感謝していた。クリミナル・グループを探るといっても、それがいかに危険で、無茶なことだったか、あらためて思い知らされた気分だった。

彼らクリミナル・グループにしても、この日本で生き抜くために死に物狂いなのだ。仲間にちょっとした異変（今回の場合は、私が木下氏に要請した取材ということになる）があったら、その異変の正体を完全に見届けなければ、彼らは絶対に納得するはずなどないのである。

間違いなく彼らは、ここ日本でカネを握るために命をかけているのだ。生半可な破綻はそこでは絶対に許されないことなのである。そのことは、この取材を始めたときから、わかっていなければならないことだった。しかし実際、私は全然わかっていなかったのだ。だからこそ、日頃の誼《よしみ》で、いとも簡単に木下氏に、たいへんな難題をお願いしてしまった……。後悔しても遅いが、それだけに木下氏の仁義にただただ頭が下がる思いであった。

しかし、ここは木下氏の言うように、今度はこちらが納得できるような取材を、この目の前にいる若者二人からしなければならない。私は細心の注意を払いながら、質問を開始した。

広い公園には、人っ子一人いない。黒い海の匂いが途切れることなく漂っている。たしかにそれまで私が経験したことのない異様極まりない取材ではあった。

二人はいずれも二〇代前半の若者であった。本当に彼らは、私が今、追いかけている、クリミナル・グループに関与しているのであろうか？　あるいは、その一員なのであろうか？

もし彼らがそうであったとしたら（実際、そうであるのだが）、私が漠然と抱いているイメージとはいささか違っていた。潑剌《はつらつ》というべきか、若きエネルギーが身体に漲《みなぎ》っているようなそんな感じなのだ。一言でいえば健全、のほうにイメージの天秤は傾いているのである。

私はクリミナル・グループに属する若者のすべてが退廃のほうにその天秤が傾くと信じ込んでいた。最初から私は見当違いを認めなければならなかったわけである。

キムとこの場で便宜上名付けられた背の高いほうは、長髪で痩せていた。眉は薄いが目は大きかった。少々しゃくれ顎だが、なかなかどうして立派なハンサムである。今の若い男性タレントと比較しても遜色はない。さっきまでのドライバーは、このキムである。

一方のリというのは、ずんぐりむっくりという表現をそのまま体現してくれていた。背は低いといっても、一八〇センチ近くあるキムにくらべると低く見えるだけで、実際のところ一七〇センチくらいはある。髪を短く刈り込んで、眉は薄く、顔相も平板である。ただ両肩が異様に盛りあがっており、その鋼鉄のような筋肉からして、どうも何かの武道を修得しているようだ。年齢はキムより二、三（歳）上、といったところか。

彼らは、木下氏があいだに入っているということもあってか、意外にフレンドリーな受け答えをしてくれた。木下氏があらためて「外国人、それもアジア系外国人留学生を中心にした犯罪集団を追いかけている。その実態を詳しく教えてくれ」と言ったときも、彼らはほとんど抵抗なく、それに嫌な顔もせずに話を進めた。それよりなにより、これまでどのような犯罪をしたか、ということについても、かなりスムーズに話してくれたのだ。

ただし、一点だけ、彼らの来日の経緯を聞かせてほしい、という私の質問にだけは、顔をしかめた。そこが彼らの琴線といった部位にあたるのであろう。

アジトでの報告会

数時間後、私は彼ら二人の話にほとんどノックアウトされていた。

その話（取材）のあいだ、キムが一回、リが二回、木下氏は五回、私は二回、それぞれ公園内にある手洗いに立った。

二時間ほど経過したころ、木下氏が私たちが乗ってきた車（はじめは気づかなかったが、その車は、ベンツであった）のなかから、缶ジュース数本とパンやフライの詰め合わせをもちだした。

この休憩以外は、全部、話に費やした。睡魔などまったく襲ってこなかった。その話の内容が、私を長時間（たっぷり六時間くらいはあった）、興奮状態に追い込んでいたのだ。ほとんどトランス状態だったといっていい。それは木下氏を含む三人もみな、同じであった。

この約六時間にわたった野外取材が私にもたらしたものは、あまりにも大きかった。まず第一にここに記しておかなければならないのは、彼ら二人の証言があってはじめて、大分県山香町の恩人殺しや曾根崎の風俗嬢殺しについて、あれだけ詳しく書きあげることができた、ということである。この二つの事件の描写は、逮捕され、起訴された犯人らにたいするそれぞれの供述調書よりも正確で、現実に即しており、さらにきちんとまとまっているはずである。

先に私は、それぞれの事件の捜査担当者などから、事件の内容を話してもらっていることは記している。それ以外に、私はコネクションを利用して、起訴にいたった犯人らの供述調書なども極秘で見せてもらっていた。

しかし、それらより、そのとき私が泉尾公園の隅で夜明けまで聞いた話のほうが、はるかにリアリティーがあった。大分の事件における、朴と張との緊迫したやりとり、朴の心理状態、あるいは大阪の事件における長髪男（朴哲）、瘦せ男（L）の犯行時の凄まじい行動の一々……、それらは下手なフィクションや映画などよりも臨場感に満ちていた。

なぜ彼らはそのような話ができるのか？　彼らは、両事件の犯人でも共犯者でもないのである。その答えはズバリ、彼らがクリミナル・グループの一員だったからである。ここにいるキムもリも、一年近く前に話を聞いたベトナム人研修生もすべて、クリミナル・グループに属していたのだ。

そして、その人数たるや、もはや捕捉不可能なところに来ているのかもしれない。実際、私とて、その数については、まったく見当もつかないのだ。

キムとリ、この二人の話で非常に重要なのは、彼らが密かに属している（表向き彼らが属している、などとは絶対にわからない）クリミナル・グループのなかにおいて仲間が犯した〝仕事〟は、微に入り細を穿《うが》ち各地にあるアジトで話されている、ということである。これはいわば彼らの掟のようなもので、仕事後の必須の行事なのだそうである。

仕事から得た戦利品を仲間で分けるという話はよく耳にするし、さもありなんと思わせるが、仕事の中身を細部まで発表するという行為は、私にとって非常に奇異に思えた。

しかし、この徹底した掟があったからこそ、私はキム、リ、この両名から、彼らの仕事がどのようなものであったかを知ることができたのだ。もちろん、そのときの報告者は、大阪、大分の両事件の下手人である朴哲とLにほかならない。

そこのくだりで驚かされたのは、その報告者のなかに、いまだに逮捕されずに行方不明になっている（中国に帰ってしまっている、とされている）、張越という男も加わっていた、ということであった。行方不明の最重要容疑者が、いっときであるにせよ、一カ所にいた、というのである。私はこの事実に打ちのめされていた。

たしかに、そのような〝報告会〟がなければ、この二人が私に供述調書よりもリアリティーのある再現ドラマを話せるはずがない。彼らにしてみれば、このような仲間内でのプレゼンテーションは、繁栄に胡座をかく日本に傷をつけるという大命題を忘れるな、という確認をするための儀式なのだ。

また一方では、暴虐の度合いが高いほど、あるいは戦利品が多いほど、クリミナル・グループにおけるポジションが高まるそうだ。そのお披露目の意味もあるということである。

さらに、彼らは〝仕事後〟のことだけでなく〝仕事前〟のことについても、各アジトにおいて綿密なる計画と人選が行なわれる、と話した。

「誰が、どのような凶器をもって、どのような手口で、どれくらいの戦利品をもって帰るか、あるときは、仕事場までの経路や逃走路まで打ち合わせする」。キムは、まるで歌でも口ずさむように、そのようなことを証言した。

クリミナル・グループによるすべてのヤマは、このような経緯でかたちづくられていたのだ。私は慄然とせざるをえなかった。そこには良心の呵責などというものは一切ない。じつに乾ききった行動があるのみだった。あるメーカーが毎日、工場生産品を組み立てるのと同じように、彼らのあいだで凶悪な犯罪が日常的に生みだされる、というわけだ。リはこうも言った。「リーダーは必ずいる。どこのアジトでも、だ」と。そして次のように付け加えた。

「リーダーというのは、われわれ、仲間のあいだでは必ず見分けられる。

一つ、彼（リーダー）は、仲間をスカウトする。逆にリーダー以外、仲間をスカウトすることはできない。

二つ、彼は必ず、その地区のアジトの提供者である。

三つ、彼は、仲間の衣食住の面倒を見る。住はアジトで、衣食は、彼が調達してくる。

四つ、彼は、必ず大きな仕事を片付けている。この仕事が次の仕事のたたき台になる。

五つ、彼は戦利品を平等に仲間に配分することができる（必ずしもしなくてもよいという）」

私は、このリの言葉を聞いて、自動的に思いだしていた。かつて品川プリンスホテルの一室で、ベトナム人研修生を煽動した中国人と韓国人。

また、釧路や長崎の炭鉱に現われたという男たち。

そして、大阪・新今宮駅近くのアパートの一室を借りていた韓国人。

そして、きっと日本全国に蔓延しているであろうクリミナル・グループにおいて、リーダーと呼ばれる男たち……。

日本列島は、やがてこのクリミナル・グループに蹂躙されてしまうのではないか？　恐怖が、間断なく私を襲った。

そして彼らは〝ある事実〟を、じつに淡々とその口から放った。それはいうまでもない、クリミナル・グループによる世田谷一家殺害事件への全面的な関与であった。

もう、想像はしていた。そうした想像がすぐにできるまで私のクリミナル・グループにたいする取材は成熟していた。私は、そのことを聞きだしたいがために、これまで取材を重ねてきたのだ。そして、世田谷一家殺害事件こそ、クリミナル・グループの最初にして最大の〝仕事〟だったということを聞くに及んで、私の心はそれまで経験したことのないようなざわめきを呈した。

〝世田谷の事件は、彼らの戦闘の狼煙《のろし》、最大の打ち上げ花火だったのだ！〟

キムとリは「大阪のアジトのリーダーが、東京で『一番の仕事をした。オレがやった！』と叫んだ。そして、その仕事の内容をいつものように報告した。オレたちはそれを超える仕事をやりとげなければならない、という〝使命〟に締めつけられた。その思いは今でもオレたちを苛《さいな》んでいる」と答えた。

「東京で大きな仕事」という文言は、籠原氏も言っていた。それは、Lの供述のなかにはっきり出てきている文言だった。その大きな仕事が、彼らの証言によって赤裸々に再現された。

第10章　二〇〇〇年一二月三〇日

事件直前

そのアジトでは、リーダーのHという韓国人が、巧みに英語を交えて報告していた。聞いている仲間は、計一一人。六畳一間と二畳程度の板の間のなかに、よくこれだけの男が集まったものだ。中国人、韓国人、それにカンボジア人とタイ人（いずれも自称）が一人ずつ混じっている。

キムは思っていた。〝ここではHが、リーダーだ。オレもいつかどこか、そうだな、さしずめ神戸がいいかもしれない、そこのリーダーになるぞ。神戸はいい。アジア系外国人がウジャウジャいる。リーダーになれば、たくさんのカネを握って韓国に帰ることができる。待ってろ、オムニ……、それに兄弟ども……〟。

Hは世紀末の一二月三〇日、午後六時過ぎに、京王線千歳烏山駅を降り立ち、早足で東京都世田谷区成城九丁目に隣接する同区上祖師谷四丁目にある「祖師谷留学生会館」の脇道を、何か知っている歌を口ずさみながら歩いていた。

すでに日は暮れている。ここで中国人Y、それに、もう一人の中国人Gと落ち合う約束になっているのだ。

世紀末の年の瀬、である。東京に在住している、故郷をもった人々は、すでに家を空けていた。このあたりはとくにそのような帰省組が多い。まわりは慌ただしさなど微塵もなく、行き交う車もほとんどない。いくら東京二三区の外れといえども、これくらい寂しくなるのは、この時期くらいなものである。

Hは故郷を思い浮かべて、一時ぼんやりしていた。ふと気づくと、すでに六時を一七分も回っていた。打ち合わせは充分に済ませてきた。人選にしても、最強のメンバーのはずである。なんといっても、これは、始まったばかりの組織にとって、はじめての〝仕事〟なのだ。Hは気負っていた。

〝それにしても遅い……〟。時計の針はすでに六時を二一分回っていた。〝半時間遅れたら、あいつらは来ないと見なす。それでもあれは、やる……〟

川沿いに、南の方向から、二人の男が音もなく近づいてきた。あたりは真っ暗である。ふと火薬の匂いがしたような気がした。Hの心のなかで、故郷の年の瀬に打ち上げられる花火と、何やら得体の知れない危険な爆発物がグルグルと旋回した。郷愁と衝動の象徴だった。それが匂いとなって、心のなかを刺激したのだ。

「遅いぞ。もう六時半近い……」

「そうだっけ?」あとから来た二人は、顔を見合わせて、そのうちの一人がそう、そらとぼけたようなことを言った。しかし、声が心なしか震えているようだった。彼らの顔は夜目にも真っ白に見えた。紙のように白くなっていた。唇まで白くなっていた。

「しっかりしろよ」。Hは彼らの肩を叩いた。一人はかなり上に肩があった。

それから彼らは、どこかに姿を消していた。落ち合った近くにはいたはずだが、小さな荷物をもった三人の姿は闇のなかに紛れ込んで、どこにいるのかわからなかった。まるで闇に同化しているようであった。

じつは、いずれも黒い服をピッタリと身につけ、闇のなかに這いつくばっていたのだ。声も発さないどころか、その息づかいさえお互い聞いていない。三人全員が〝隠遁の術〟を体得していたような見事な〝待機〟であった。

「やっと時間が来たぞ」。Hが、他の二人に囁いた。彼らは匍匐前進の恰好をしていた。目指す家は、目の前にある。いつのまにか彼らは不幸なるターゲットの家の敷地内にまで忍び込んでいたのだ。

空気を撫でるかすかな音がする。それは彼らの息づかいか、あるいは、世紀末の年の瀬に不意に吹き始めた風の音であったか。

Hの右腕に巻かれているデジタル表示の中国製腕時計が、午後一一時二四分を示した。

「あと一分」。Hが囁いた。あとの二人の息づかいが、もうわかるほどに荒くなっている。

「ゴー！」Hが、音もなく立ち上がった。Hは用意していた兵士用のナイフを握った。そして、その家の二階部にある風呂場窓にとりついた。風呂場の窓は、まるでHがとりつくのを待っていたように、彼を吸いつけた。その間、コトリとも音は立たない。

Hは風呂場の窓枠にとりつくと、申し訳程度にとりつけられているアルミ製の格子を器用に抜きとった。それを、下で待機しているYに放って寄越した。Yはそれを受けとると、携帯していた小袋につめた。

どこかから重機を動かすような低音が響いてきた。YとGは、それがどこから聞こえてくるのか、わからなかった。それがHによるものだと気づくのは、数十秒後だった。犯行の段どりを打ち合わせするときに、ちゃんと聞いていたはずである。

Hが立てた音は、風呂場の磨りガラス窓を切り裂く音だったのだ。手製のガラス切りを使って、風呂場窓の鍵（クレッセント錠）の部分を手首が入るくらいに切りとってしまう。このことは計画の最初から決められていたことだった。それを下で待機する二人はすっかり失念していたのだ。

Hは、腕力と腹筋だけで風呂場窓にとりつき、その窓を切り裂きながら、どうにも下の二人が浮き足立っているのに苛立っていた。ここまで来て動揺してどうするんだ、そう思うと自然と舌打ちが出た。下のほうで、ハッとするような気配が伝わってきた。とにかく敏感になっているのだ。

〝計画変更だ。屋内の家族を全員黙らせてから、あいつらをなかに引き入れる〟。Hの顔が引き締まった。夜目にもわかるくらいの引き締まりようだった。あとになってYとGは、Hの顔が引き締まったときに発生した〝音〟をたしかに聞いたと言った。Hは無言で風呂場からなかに入ると、すかさず靴を脱いだ。

Hの靴下は音を立てない。建付が多少悪い板の間を歩いても、その靴下さえ履いていれば滅多に音はしない。これはソルジャー専用の靴下なのだ。

「まず最初に、三階だ」。なんとHは、この確認事項を低く声に出して唱えていた。風呂場の引戸を開け、洗面台を通り過ぎ、階上、階下に上り下りする階段に足を掛ける。上、だ。

本来ならば、ここでHはまず階下に行って、玄関ドアを内側から開け、屋外で待機している二人を屋内に引き入れる段どりになっていた。しかしHは、その足を上に向けたのだ。一瞬の判断だった。

〝動揺して浮き足立っているやつらがいるだけで、この計画はお釈迦になる。あいつらをこの神聖なる舞台に引きあげることはできない〟

すでにロケハンは何回もしている。三階の部屋の方角だって、頭に入れているだけではなく、体が自動的に反応して、足を動かしているのだ。

Hの足は、まるでバネ仕掛けのように正確に、三階に向かっていった。三階の目指す部屋の手前で〇コンマ数秒ほどなかの気配をうかがう。Hはそのとき、小児の寝息をちゃんと聞いている。

ここでも音なく部屋に滑り込む。薄暗いが、目的一号がどこで寝息を立てているかは、まったく問題なくわかる。

革の手袋をきっちりとはめなおし、両手両指を目一杯広げる。大型の蜘蛛である、それも人食の……。その蜘蛛は、二段ベッドの上で熟睡している幼児のクビに一〇本の〝足〟を静かに巻きつけた。

その長い触手は、実際に使ってみると、一本分（片腕）だけで充分だった。それは、まるで一〇本の鞭のように、男の子の頸部に巻きついた。触手の突端にまで力が漲った。ベッドで横向きになっていた男児は、薄目を開けかけたが、それはすぐに閉じられた。かわりに、小さな口が少しばかり開いた。しかし、そこからは一切の声は飛びださなかった。元栓を締めつけられているために、一切の呼吸ができないのだ。

〇コンマ数秒経過……。男児の四肢が二回ほど上下した。それを合図に男児の命は失われた。

「あの家には子供が二人いる。子供を先に始末しないと絶対に面倒なことになる。子供は身の危険を察知したときに必ず想像できないほどの大声を出すものだ。だからまず、最初に二人の子供の息の根を止める。これは決定事項だ。どのようなことが起ころうとも、この鉄則は破られることはない。この鉄則を守れないときは、われわれの負け、この勝負は捨ててただちに撤収、いいね？」

このヤマを踏むための綿密なる打ち合わせで、Hはこの鉄則について繰り返し語っていた。Hは目的一号を葬ったところで、この鉄則を遵守したことになる。

目的一号、それは「世田谷一家」すなわち、宮澤みきおさん一家の長男、宮澤礼ちゃんであった。

「ネクスト……」。Hは、やおら向き直り、今度は、自分が侵入してきた二階に逆戻りしはじめた。そして、二階リビングの入口で止まった。

テレビを見ている？　今度は二人、目的二号と三号じゃないか、フフ、じつに順調だ……。

Hの心は弾んでいた。

「ハ、ローゥ」。なんとHは、そのリビングに入るときに、こんな挨拶をした。顔もにこやかだった。心の弾みが顔にそのまま出ていたのだ。被害者二人、つまり宮澤泰子さんと、同家長女である、にいなちゃんは、あまりにも堂々と室内に入ってきたHにたいして、最初ほとんど警戒心をもたなかった。振り返った二人の表情には、ええと、この人は誰だったかしら、といった程度の軽い疑問しか浮かばなかったのである。

Hは、この間隙を逃さなかった。右手後ろ手にもった鋼度の非常に高い刃物（アーミーナイフ）を二人に向けるやいなや、それを二人の顔に順番に激しく横振りさせた。フロントグラスのワイパーが、目にも止まらぬ早さで左右に動くような、そんな想像だにできないような動きをその刃物は見せた。一人の顔を深紅に染めるのはものの数秒、いや一秒カンマ何々ほどであったろう。

その処理が終わったとき、被害者の相好はまったくかき消えてしまっていた。同時に、Hの顔面も被害者から迸《ほとばし》る血潮で、恐ろしい朱に染まっていった。しかしそれでも被害者にはまだ息があった。顔面はズタズタに裂かれたが、それはその人の魂を肉体から追いだすにはいたらなかった。

二人の被害者にHはトドメを刺さなければならなかった。順手でもっていた刃物を、今度は逆手にもち替えて、二人の上に立ちはだかった。Hが手にしていた刃物は、まだまだその殺傷力に衰えを見せていなかった。力を出しきっていないことを不満として、その刃先はヌメヌメと光っていた。その刃物が、空気を切り裂く音を発した。

その一撃で、にいなちゃんの息の根が止まった。仰向けになっていたにいなちゃんの胸部から血潮が盛大に噴きあがった。血潮のシャワーを浴びながら、Hはもう一人の生贄を見た。

自分の横で、愛しい娘の息の根を止められる瞬間をわが目で見ていた母親がそこにいた。すでに充分に目を見開くことができないでいたものの、さすがにそこは実母の強さである。視力を塞ぐ鮮血を拭うようにして、わが子の最期から目を離さなかった。そして、それを見届けると今度はHを見やり、火が噴きでるような視線を放った。

Hは一刹那たじろいだ。それは、これから命を奪われる者の怖じけた視線ではなかった。それはたしかに、実子を目の前で死にいたらしめた者にたいする憎悪の目だった。Hはそれを見ないようにして、母親の胸にアーミーナイフを叩きつけた。

「アワワワワワ」。Hの口唇からなんともいえない〝感嘆符〟が漏れた。Hはすでに二人の血潮を充分に浴びて、全身朱に染まっていた。その朱の怪物の口から、不気味な咆吼が迸ったのだ。その叫びはまるで、地の底から響いてくるような慄然とするものだった。

その叫びは、幾人かの耳に届いている。まず、その家の階下（一階）にいて、仕事をしていた宮澤みきおさん、である。Hからすれば、みきおさんは目的最終号（4号）、最後の生贄である。

第二に、外で焦燥感にまみれて待機しているYとGの二人だ。彼らは揃ってこの雄叫びを聞いている。

そして、この叫びを聞いたもう一方は、隣人である。隣人は、宮澤一家にとって眷属《けんぞく》である。その一家の一人が、Hの咆吼を耳にしていた。「真冬にはありえない、何か大きな甲虫が低空飛行をしているような耳障りな音がした」

たしかに甲虫の類が、真冬に活発に飛び回るようなことはほとんどありえない。しかし、ありえない事態にしか発生しないような不気味な音だったと、その隣人一家の一人は答えている。

この咆吼が、低く重くその波動を流したのは、その日の午後一一時半前だった。その時間についてはいずれの〝聴取者〟の証言も一致していた。

Hの心に急速に不安と動揺が渦巻いた。その渦は、しっかりと実際の音となって、彼に迫ってきた。

ドン、ドン、ドン、ドン、ドン……。その音はボリュームをあげながらHに迫ってきた。みきおさんが異様な咆吼を不審に思って、階上に上がってきたのだ。異変の気配は階上から、と判断したみきおさんの行動は正しかった。しかし、それが結局、彼の命を奪い去ってしまうという事実には、そのとき気づくわけもない。

「ママ、どうしたの？　にいな、起きているのか？」

死への道程を踏みしめながら、宮澤みきおさんは階段を駆けあがっていく。そのとき、である。

二階に到着する寸前のみきおさんの眼前で、リビングのドアがまるで自動ドアのように開けられた。あまりに不意なことに、みきおさんは一瞬、棒立ちになった。その隙に今度は、赤黒い塊が突然、視野に覆い被さった。Hであった。

逆光になって、その大きな物体が、いったい何かわからない。登場するべきでないモノが予測しないところで現われても、人間というものは、それを素直に受け入れることができない。だからこそ現われるほうにとっては、特別な効果が得られることになる。この場合もまさしくそうであった。

Hは黙って、もっていたアーミーナイフを階段を上がってきたみきおさんに突きだした。下から駆けあがってきたといえども、かなりの慣性が付加されたみきおさんに、そのキリングツールはまともに突き刺さった。それも右胸部のあたりである。かなりの急勾配の階段は、それがそのまま滑り台のようになって、みきおさんは一階仕事場に滑落していった。

ズ、ズーン。まさしく天地を揺さぶるような振動とともに、派手な墜落音が起きた。午後一一時二八分ごろ、この音はこの事件の象徴的な音となって、のちのち関係者のあいだで語られることとなる。しかし、この家には、この象徴的音響を耳にする者はH以外にもういなかった。しかし、この音は、隣家の家族が聞いていた。

「今から思えば、隕石が落ちてきたような音だった。けれどもそれが隣りからのものだとは思わなかった。かなり離れたところで、空から石が降ってきたような鈍い音だった」

「ポケモンだったかな、特別番組が終わった直後に、あの音が聞こえた。でも、あれがお隣りからとは思わなかったよ」

現実には、みきおさんが、ほとんどなんの引っかかりもなく二階から一階へ、約二メートル二〇センチあまりの高低差を一気に転落した音だったのである。

Hは転落したみきおさんをジッと見下ろしながら、階段をゆっくりゆっくり下りてきた。鮮血で染まった顔が、心なしか笑っているようだった。実際、Hは笑っていた。

〝オレは、勝った。ここでこの家の主にとどめを刺し、本当のターゲットを首尾よく手に入れなければならない〟

そのあいだにみきおさんは、Hの正体をほぼ見極めていた。みきおさんは転落した身を起こしながら、Hに向かう姿勢をとろうとした。そして、考えられないくらいの速さで階段を駆けあがり、Hがもっている凶器を奪おうとした。充分に身構えていたはずだったが、Hは不覚にもみきおさんに凶器をとられそうになった。階段の半ばでの〝決闘〟である。

数秒、お互い無言でもみあった。肉弾が擦れあう音が連続した。しかし、この世紀末の死闘は、Hのほうにツキがもたらされた。みきおさんは、Hが手放さない凶器の刃の部位を思わず強く握ってしまった。Hは無意識に、その手をひねった。

みきおさんが悲鳴をあげた。刃の部分を握った手から血潮が噴きあがった。そればかりではない。その手から一本の指が階段蹴板《けいた》の傍らに切れ落ちた。

「ユビ!」「ゆび!」二人の口から、同じ言葉が出た。切れ落ちた指は、落ちた瞬間、床の上で芋虫のようにくねった。

それを見たみきおさんの戦意は、速やかに萎えていった。Hはその瞬間をとらえた。みきおさんの胸部と腹部との境目に刃先を深々と刺し込んだのだ。みきおさんは、今度は、まったく音を立てずに階段下に滑り落ちていった。まるでベルトコンベヤに乗せられた荷物のように……。

Hは二階のキッチンでつかんできた、宮澤家の柳刃包丁を逆手にもって、仰向けに倒れ落ちたみきおさんの胸にそれを押し込んだ。

みきおさんからは、もう声はあがらなかった。ただ、みきおさんから流れ落ちる血飛沫だけが、流出の音を立てていた。それは、まぎれもなく命の流出の音だった。

「あれは?」Hは、まず二階に駆けあがって、部屋を物色した。血浸しになっている二つの生贄などにはまるで目もくれなかった。

先ほど、みきおさんと争ったときにいつのまにか受けた右手掌の傷が痛んでいたため、傍らに転がる生贄が着ていた衣服を切り裂き、それを包帯のようにして、掌に強く巻きつけた。

これは、たしか兵役のときに習ったものだった。非常に有効な止血方法である。

Hは探した。キッチンはもとより、リビングの隅から隅まで、そのあとは、トイレからバスルーム……。

Hはこの〝仕事〟の目的でもある、最大の戦利品となりうるものを探していたのだ。

「そうだ、一階、仕事場……」。思うと同時に、Hは階段を駆け下りていた。階段下には、みきおさんが無惨な姿で横たわっていた。

その骸《むくろ》をひょいと跳び越えると、降りきって左側にある一階仕事場のドアを開け、就寝灯が灯っているだけの暗い部屋に転がり込むようにして踏み込んだ。

Hが探しているものは金のインゴット（鋳塊）である。Lサイズのインゴット一二・五キロ、これがしめて三本。

この宝物が宮澤家に保管してある、という情報は、Hがリーダーシップを握ろうとしているクリミナル・グループの情報網によってもたらされた。このグループの情報収集力は、まったくもって凄まじい。この宮澤家の間取り一つをとっても正確に捕捉してきた。もともと宮澤家をクリミナル・グループの、記念すべき最初の〝仕事場〟として選んだのも、グループ内より百出した情報を吟味したからなのである。

ターゲットは浮かんでは消え、消えては浮かびあがることを繰り返しながら、結局、この家に決められた。

「あそこには、一家四人が暮らしている……」。充分な調査を試み、資料が日々、積みあがってきていたある日、Hは実行部隊として選ばれた仲間にこう伝えた。

私は、Hらが宮澤家を選んだ過程を聞き及んだとき戦慄をおぼえた。侵入者たちはそういう理由であの家を選んでいたのか……。衝撃というよりも、いつ自分に降りかかってくるかもしれないという恐怖で、心が凍った。

「あの家のまわりには何もない」「あの一帯は公園になる計画がある。その公園の青写真がこれだ。あの家はいずれ立ち退くのだろうが、それはもうちょっと先になりそうだ」「別段、立ち退きを拒否しているわけではなさそうだが……」「そんなことはどうでもいい。立ち退きがもうちょっとあとになる、ということが重要なのだ。いずれにしてもあの家は、一番やりやすい」

ネット上にこんな文句が並んで、情報が共有される。そして共有された情報は、ただちに消去されることとなる。その繰り返しが時を重ねるたびに行なわれる。このようにして、最初のころ（半年ほど前）の、数千という候補より、ターゲットが絞り込まれたのである。時期は図らずも世紀末が焦点となってきた。

大分の恩人殺害事件でもそうだ。この事件でも被害者のプロフィールから生活形態、それに犯行現場となった被害者自宅の様子などは、実際に犯人のなかでそこに何度も行っていた者がいたのである。そういう有力情報をもたらした者は、グループ内でのしあがっていく。

宮澤さん宅が世田谷区の高級住宅街にあり、しかも、その家のまわりにはめぼしい家がなくなってきた。宮澤さん一家が、平成二年にこの地に越してきてから、どんどん家が少なくなり、やがて一帯は大きな公園となる……。

侵入すべき家として、良好な条件を備えている。犯人たちは、こう判断した。犯行があまりに残忍で、そのうえ大胆であることから、流しの犯罪と思ってしまうのも無理はないが、じつは計画性に満ちていたのである。実際に、あの家への下見には何十回となく訪れたはずだと、グループの一人は静かに語った。「それでも一度だって見咎められたことはなかった」。不敵な笑いとともに語る者がいた。

ターゲット候補の家はそれからも新たに登場した。しかし、ロケハンを繰り返した彼らは、やはり宮澤さん宅を最終ターゲットとして選択することとした。ターゲットを絞り込んだあとに彼らが行なった〝聞き込み〟が、その決定を強固なものとした。

彼らは、この家の建築確認書（区が保有）を取得して家屋の構造を熟知した。もっと恐ろしいのは、宮澤泰子さんが同地で行なっていた学習塾の塾生や講師仲間などから、宮澤家の行動パターンをそれとなく聞きだしていたのである。もちろん直接聞きだすようなことはしない。二重三重に人を介して（そこには当然子供も含まれる）、そのつど、その情報をネット上にさらしては、確認後、消していく。

さらには、宮澤家の資産内容すら調べた形跡がある。グループの一人は「あの家にはすぐカネに換えられないような預金通帳であるとか、有価証券の類はほとんどなく、現金が一階の金庫にいつもある、という情報を得たことがある。自分はその情報を得たとき、まさしく理想的な家だ、と思った。彼ら（実行犯たち）も同じように思ったにちがいない」と言う。

そして「あの家には、無刻印の金のインゴットがある」という情報が決定打となった。この情報がどのようなかたちで出てきたのかはよくわからない。その意味では彼らの情報にも齟齬が横溢していることを示唆するものであるが、それにしても彼らのターゲットの選択や情報収集の能力には驚かされる。

Hが家探しを開始して、一時間が経過する。仕事関係の書類の一枚一枚から、トイレ、バス、書棚、納戸まで、部屋のすべてを物色する。一階から三階まで、三度往復する。

「ない」

一時間半経過。外から合図。蚊の羽音のようないじけた音。耳を凝らさなければ聞こえない、グループの者だけが共有する高周波の非常音。犬笛のような特殊なホイッスルをグループのメンバーは共有している。これは、某国の兵役で支給されるものである。

「ない。うるさい。オレを呼ぶな！」

今度は静かに壁をまさぐる。ズン、ズン、ズン、ズン、ズン……。壁を重く打つ音で壁のなかに塗り込めたものを探索する。

「ない」

二時間経過。ホイッスルの合図の頻度がグッと高まった。Hはおもむろに玄関ドアに立ち寄って、それを薄く開けた。二人の男が家に入ってきた。音の一つも立てない。息づかいすら聞こえなかった。Hは目で合図した。二人はすぐに状況を察知した。YのほうがHに答えた。

「手分けして探そう。それにしてもおまえの上着はひどいものだな、そいつを脱げ」

捜索に夢中になって、Hは血にまみれたトレーナーを着たままだった。それはたっぷりと血を吸って少なくとも二キロ以上重くなっていた。血液に、一階から三階まで幾度も奔走したために噴きでた汗が混じっている。

Hは、搾れるくらいの血を吸い込んだトレーナーを苦労しながら脱いだ。下は年の瀬だというのにTシャツ一枚だった。脱いだトレーナーを一階仕事場の玄関側から見て右側の壁に叩きつけた。

ビッシャッ……。鈍い音がした。Hは薄ら笑いを浮かべながら「あれを探せ」と入ってきた二人を睨みつけた。

それぞれ区割りを決めて、インゴットを探しにいった。二人が入ってきてから一時間半経過。初夏ならばすでに空が白み、住民たちの営みが始動している時間である。

午前六時を回った。一階仕事場の探索を担当していたHは、玄関ドアについているメールドロップに新聞が差し込まれる音を聞いた。

「あれはこの家には置いていなかった、ということだ」。Hは一人で結論を下した。大晦日といえども、これから夜は急速に明けていき、近隣住民（この家のまわりは、近くの公園拡充計画に従って、すでに住民はほとんど立ち退いてしまって、居宅そのものはなくなっていた）の生活が始まってくる。それを警戒しなければいけない時刻になりつつあった。

それよりなにより時間が経過すると、この家に転がしたままになっている、四つの〝目的〟に変化が出てくる。すでに屍斑が出て死後硬直が開始している。おそらく角膜も混濁が始まっているころであろう。そこからが問題なのだ。これから屍斑が退色し、硬直が全身に広がってくる。そうなると、どうにも動かせなくなってくる。家探しする者の邪魔となってくるのだ。

Hは死体の状態変化の原則を知っていた。それだけに、どのくらいこの家に居残っていられるかを逆算することができたのだ。もう時間は残されていない。

「そうだ。この〝仕事〟の結果をグループに伝えなければならない。ここにそのツールがあるじゃないか。さんざん誇示してやろう。それと、あれがなかったことを詰《なじ》らなければならない。情報に誤りがあった、とな」

Hは宮澤みきおさんの仕事用パソコンの電源を入れていた。どんなOSでも使いこなせる自信をもっていた。かすかに鼻歌を口ずさんだ。時間が切迫しているときに焦るやつは、何をやっても満足にやりとげられない。Hはいつもそう思っていた。

Hは、そのパソコンからいくつかのサイトにアクセスした。ある研究所《ラボラトリー》（埼玉県内）、ある化学工場《ケミカルファクトリー》（宮崎県内）、ある研修施設（被害者宅近く）、まずこの三カ所にアクセスした。それを慣れた調子で斜め読みして、満足げにうなずいた。

すぐそこに寝ころんでいる物体から流出していた血が溜まりをつくっていたが、それがゼラチン状に固まりだしていた。

カシャカシャカシャ……軽やかにキーボードを叩く音が続く。Hは報告と追及を交えてメールを打ち込んでいた。

そのとき、すでに二階、三階の各フロアを探し終わったYとGがHが座っている椅子のまわりに来ていた。両人とも、戦利品を探し当てられなかった。ただYは、どこかの部屋に置き去りにされていた財布から、紙幣だけを抜きとっていた。それをHが打ち込んでいたパソコンデスクの脇に置いた。

「まあ、これだけでもいいじゃないか。これで、オレたちがグループのリーダーとなって、日本でしこたま稼ぐことができる」

Yだったか、Gだったか、どちらかがHの打ち込む画面を見ながら、そう言った。Hは黙っていた。

二人のどちらかが見つけだしてきたバニラのアイスクリームを、犬のように貪った。報告を済ますと、そのメールをアドレスごと削除した。「終わったな……」。Hがつぶやいた。
そして、面白半分にいくつかのサイトをサーフした。二人の中国人も黙っている。三人とも目が虚ろだった。ただ、画面に流れているものに目を向けているだけだった
そのなかに、宮澤みきおさんが勤めている外資系経営コンサルタント会社のものがあった。そのときだけ、Hの目が光った。「オレたちをこの日本で、奴隷のように働かせる首謀者、だ……」。Hの独り言に、二人はうなずいた。

事後

Hはおもむろに、椅子から立ちあがった。パソコンの電源を切った。脱いだトレーナーを摘みあげて、それを丁寧に畳んだ。その上に、Yが巻いていたマフラーを三つ折りにして置き、さらにその上にGがかぶってきた毛糸の帽子を重ねた。それはまるで、登攀《とうはん》を誇示するケルンのようであった。

次に流しのなかに放っておいた三つのアイスクリームのカップに目を注ぐ。そして小指で、重ねたカップを流しの真ん中に押しやると、今度は、同じ右手薬指と中指で器用に水道の蛇口をひねった。蛇口からは糸のような水が流れだした。アイスクリームのカップの真ん中を目指して……。

それをしばらく眺めていたHは、満足げにその場を離れ、ようやく玄関口に立った。携帯

していた奇妙なかたちの革靴を引き寄せて、中腰のままそれを履き始めた。珍しい織り込み方をした靴紐を二、三度、あたかもゲートルを巻くようにして、そのうえで最後の締めあげをした。そして堂々と玄関ドアを開け、そこを出た。空が蒼かった。

まわりには誰もいない。風がそよいでいた。どこかで、ギーッという鳥の声がした。遠くから威勢のいい子供たちの揃ったかけ声が聞こえた。少年野球の練習のようだった。

Hは外に出た。まるでそこに住む人のようなごく自然な動きだった。一度、室内を振り返った。それはまるで、家人に「行ってくるよ」と外出の挨拶をしているようだった。そしてHは、すぐそばを流れる仙川の側道の方角にためらいなく歩きだした。

スーッ、カッシャン……。後ろで小さく玄関ドアの閉まる音が聞こえた。

終わった。

Hは不敵にも笑っていた。笑いながら、仙川沿いのコンクリートで固められた側道を南に向かって歩いた。仙川に架けられた小さな橋をわたり、すぐにまた川沿いに南向きに歩く。約一五〇メートル行ったところで、今度は西に方向を変えた。数秒後、Hは千歳小学校のすぐそばにある行き止まりのところに出た。

そこで、先に現場を出た二人を待っていた。やがて二人が、笑いながらやってきた。そして彼ら三人は、そのまま和気藹々と話しながら成城通りまで出た。端からは、まるで学生の仲良しグループがこれからどこかに遊びにいくようにしか見えなかった。

時刻は、（一二月三一日）正午を過ぎようとしていた。彼らは、「留学生会館前」と書かれたバス停で、バスを待ち、やがて北のほうからやってきた私鉄が運行するバスに乗って小田急線成城学園前駅で降りた。昨日夕刻、宮澤さん一家が、この駅の駅ビル内に続くスーパーで買い物をしていたことは、あとの事件報道で知った。

バスのなかでは盛大に笑いあっていた。誰が見ても学生のバカ騒ぎとしか映らなかった。三人は切符を買い、小田急線の上りホームに降りていった。次にやってくる新宿行き急行に乗るところまでは、誰かが見ていた。

しかし、電車に乗ってしまえば、そこから先はわからなくなる。それまで彼らを見ていた者も、あるいは現場近くで目撃した者がいたとしても、上り急行に乗ってしまった時点で、すべてが寸断されてしまうのだ。

そこまで計算済みの行動である。H、そして、あとの二人の中国人は、その後、東京ではなく、大阪で顔を揃えることとなる。

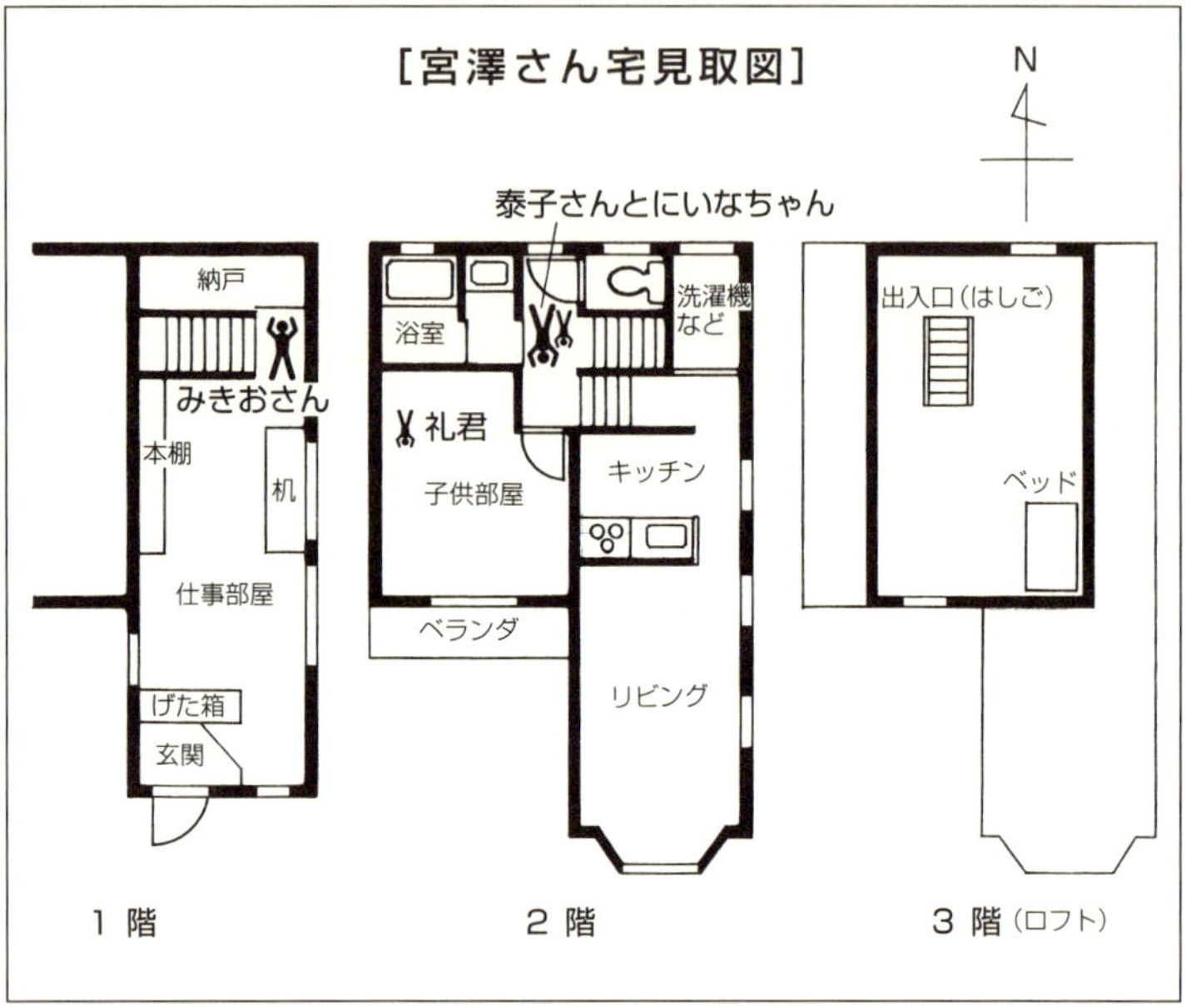
[宮澤さん宅見取図]
N
泰子さんとにいなちゃん
納戸
みきおさん
本棚
机
仕事部屋
げた箱
玄関
浴室
礼君
子供部屋
洗濯機
など
キッチン
ベランダ
リビング
出入口(はしご)
ベッド
1 階
2 階
3 階(ロフト)

第11章　知りすぎた者たち

確固たる証拠

この長く重い独白は、キム、それにリを震撼させた。彼ら二人だけではない。それはおそらくそこにいた報告を聞いたみなが陥った心理的な振幅であったろう。これまでに経験したことがないような不気味な感動が彼らを襲撃していた。彼らは、たいへんな事実を知らされたのだ。そして、それを知ったということは、たとえようのない〝桎梏《しっこく》〟になる。

つまり、クリミナル・グループの掟として、このHによる報告を聞いた以上〝足抜け〟は絶対に許されない、ということである。

私自身、彼ら二人の話を聞いて、それこそ自分が、クリミナル・グループの一員にさせられたような気すらしてきたものだ。しかしほんの少々ではあるが、残された理性と計算力が、彼ら二人の話を咀嚼して、解析していた。

品川プリンスホテルでは「韓」という偽名を使っていたHこそ世田谷一家殺害事件の主犯であり、それを中国人のYとG（Gは品川プリンスホテルでは「Z」という名前を使用していた）が補佐した、ということを私はここではじめて確認できた。

そして、品川プリンスホテルの一室において、ベトナム人研修生たちをクリミナル・グループに勧誘した熱弁家がYであり、その熱弁をジッと監視するように見ていたのがHだったことを知った。

さらにHこそ、ここ大阪地区のアジトの借り主で、大阪でのリーダーであることも確認した。もちろん、そのアジトには当然ではあろうが、Hの指紋が残されていた（アジトからはYとGの指紋は検出されなかった）。ここで発見された指紋が、結局、世田谷の現場ならびに品川プリンスホテルの一室で採取された指紋と同一だったのだ。

それは、間違いなくHのものである。この三カ所に共通して指紋が検出されたのは、H以外にいないのだ。ここにHという韓国人を核にして、ベトナム人研修生失踪事件（指紋採取場所・品川プリンスホテル）と大分と大阪の事件（同・新今宮駅近くのアパートの一室）が、世田谷の事件を端緒とするかたちで確固たる証拠をもってつながった。

そのHの脇には、YとGという中国人がいる。その二人もまた今はその行方さえわからない。それは、大分恩人殺しの実行犯である朴哲、張越と同じである。

知りすぎたのかもしれない。私がそう思ったように、キム、リもHの報告を聞いて、そう思ったことであろう。そして、のっぴきならない状態に追い込まれたことをキム、リの二人は本能的に感じていたのかもしれない。だが、Hによる報告が彼らを刺激して、日本でカネをつかむことに未練を残していることも充分に自覚していた。

それが彼らの心の葛藤となって、木下氏にその間隙を突かれたのかもしれない。それで、私に洗いざらい話したのかもしれなかった。しかし、それは、私が立ち入るべきではない、彼らの心の奥底に潜む部位であった。しかし、その後、私は彼らの心の深淵に少しでも触れておかなかったことを悔いる場面に遭遇しなければならなかった。だが、そのときはそういうことを思いもしなかった。

話は終わった。

情報提供

私は、泉尾公園の夜に陶酔したあと、興奮した状態のまま馬場町（大阪府警本部）に足を向けた。もちろん、一睡もしていないのだが、気持ちがハイになっているためまったく眠くなかった。むしろ足どりも軽く、馬場町に行った。

本部正面玄関前に着くと、籠原氏の携帯を鳴らした。

「なんや、こんな朝はようから（早くから）……」

「籠原さん、その調子じゃ、まだ自宅ですね？」

「アッタリ前やないか。いま何時や思うとんねん」

「まだ、七時前か……。こりゃ失礼しました。けどね、ちょっとばかり耳に入れたいことがありましてね。早起きは三文の徳ですよ。私は馬場町の正面にいますから、早く出てきてください」

「ヨシ、そこで待っとれや。えっろう早いんやなァ……。かなわんな、しかし……」

籠原氏のほうから、独り言を言いながら電話を切った。とにかく、私は仁義上、籠原氏に会っておかなければならなかった。だから少々なら、ここで待たなければならないのである。しかも、そのときは、多少の待ち時間などなんともなかった。

「やあ、早いな。ここは目立つで、あっこの地下鉄の入口んところに、二〇秒、先に行っといてや」

間違いなく起き抜けの顔をしながら、籠原氏は私に言った。正確に二〇秒後に、自分が指示したところにやってきた籠原氏は「ホンマに正面（玄関）で待っとったんやな。あんなとこじゃ目立つがな。もうちょっと、自重してや」と言って、私が待っていた地下鉄谷町線谷町四丁目の駅入口の交差点を西に越えると、雑居ビルの一階にある喫茶店に入り込んだ。その間、彼は一言も発さなかった。

本人は普通に歩いているのだろうが、私にとっては競歩くらいのスピードなのである。彼が言葉を発さなかったからよかったものの、歩きながら何か訊かれていたら、息が切れて、とても答えることはできなかったろう。実際、その喫茶店の椅子に座ったとき、私がまずしたことは、呼吸を整えることだった。

「なんや……。聞いたろやないか」。籠原氏は、こう言って居ずまいを正した。私は、昨夜キムとリから聞いたことを、詳しく話した。ただし木下氏の話や、世田谷一家殺害事件についての話は、ほとんど流した。

とくに世田谷の話は、籠原氏とはまったくテリトリー違いのことである。そういう話は彼らにとって無駄である以上に不快のようである。このあたりの機微は、多少なりとも警察官への取材をやった者でないとつかめないものかもしれない。

話は長きにわたったが、私の目的と彼の目的が、明らかに異なると判断したものは、一切言わなかった。必要のないものはいくら話しても時間の無駄というものだ。話していくうちに、籠原氏の息づかいが明らかに荒くなっていった。

「ところで、あんた、そのキム、リやったか、そいつらの居所は、押さえとんのか？」

「いや、直接は……」

「さよか……。わかった。えらい、参考になったわ。おおきに」

籠原氏とは、その喫茶店で別れた。レジの前まで来て、彼は「それじゃ、ここで」と強く言った。私はその言葉の真意を知って、気持ちよく甘えさせてもらった。そしてさっき通り越した、地下鉄谷町線の駅まで歩いた。

これから、籠原氏は忙しくなるだろう。少なくとも、大阪と大分の両事件の洗い直しをして、公判に向けて強力な理論武装をしなければならなくなるだろうし、一方では、大阪管内のクリミナル・グループ探索のチームを構成するためにいろいろ働きかけなければならないはずだ。

だが、これからの籠原氏の仕事をあれこれ忖度してもしかたない。私には、やるべきこと（それもじつに大きなことである）が残されていた。

谷町線は東梅田駅に向かって疾走していた。ただ、車両《ハコ》のなかは、時間が中途半端なせいか、客はまばらだった。大阪特有の喧噪はそこにはなかった。

刑事へのブリーフィング

私は、あまりにも大きな土産をひっさげて帰京した。

東京駅に着いた私は、まず第一に時間を確認してから、携帯電話をとりだし、かけた。ちょうど退庁時間だ。

「ハイ、白石です。ああ、あんた、齊藤さんか、お元気ですか?」

警視庁のなかは、出入口（正門、西門）そば以外は、携帯電話が入りにくい。なんらかのバリヤがあるのだろう。しかし、そのときはすんなり通じた。

「白石さん、そろそろ表に出るころでしょ？　会社までお迎えに行きますよ……」

「何か用？」

「一杯やりませんか？　そうだなあ、西新橋の外れに、なかなか本格的な肥後料理を食わすところを見つけましてね。白石さん、たしかあっちのほうでしょ？　ご出身は？」

「そうよ、熊本ですよ」

「とにかく今から正確に一〇分後に、会社の西門側に行きますから……」

　私はタクシーを走らせ、警視庁西門近くに車をつけさせ、いったん降りて、白石刑事の姿を探した。彼は西門を出て、警察庁のほうに少々歩いたところで、ぼんやりとした様子で私の現われるのを待っていた。

「すみませんねえ、白石さん。サアサア、早く車に乗ってください……」

「いやに積極的なんだな、齊藤さん。何か咥え込んできたな」

「そうですね、まあ、今日はゆっくり、食事をしましょうよ」

　店に入ると、私は、開口一番、この席のメインテーマを話しだした。それまでの安息の雰囲気は一転して崩れた。かわりに、叩けば割れるような緊張感が二人を覆った。

「なんだとう！」白石氏は節々で声を荒げた。奥まった場所を無理矢理、開けさせておいてよかった。それから、白石氏の〝驚きの一声〟は幾たびもあげられたのだ。

私の話は、先の大阪府警、籠原氏にたいするものとは、内容的に裏表となった。二人にたいして反対のことを言ったということではない。東京警視庁の刑事にたいして私が知らせるべきこと、それを話したら、ちょうど籠原氏に話した内容の表か裏かはわからぬが、そのうちの一方になった、ということなのだ。白石氏には、私が得た情報を整理、集約したうえで話すべき義理がある。それは以前に白石氏が、大阪の風俗嬢殺しや大分の恩人殺しと世田谷一家殺害事件とを結びつける重要なヒントをくれたからである。

警察官とマスメディアとのつながりは、最終的に事件の当事者にならない限り情報交換に収斂される。捜査上得た貴重な情報をもらったら、今度はこちらから〝取材上〟得た当方だけが知った情報を返信する。これが、両者の立場を尊重したうえでのつながりである。

私は、その義理を籠原氏にも、この白石氏にも果たさなければならなかった。そういう意味でのプレッシャー（つまり、いざ取材を開始したならば、何か新しい、あるいは独自な何かをつかまなければならないということ）から、私のような職掌はいつも逃れられないのだ。

籠原氏には、世田谷一家殺害事件については、ほとんど話すことはしなかったが、白石氏には同事件に絡むところを丹念に話した。

ただその際に、私にとってもっとも重要な人たち、たとえば、それは木下氏であったり、川勝氏であったり、あるいは、クァオ・ヴァン・チュー氏であったりするのだが、彼らについてはその一切を隠したうえで話した。加えて今度は、大阪府警の刑事さんの話はできない。

もちろん、白石氏だってそれを探るような野暮な質問はしない。私がそのようなキーマンの名前を明かすとは端から思っていないのだ。

「ウーン」。白石氏は腕を組んだまま、ようやく口を開いた。「あんた、これからどうするつもりなんだ？」

「私は、ものを書いてなんぼ、です。やがてはきっちりまとめますよ」

「フーン」。それから白石氏は少し間を置いてこう切りだした。

「これから二、三日、体を貸してほしいんだがね……」

どういう意味かよくわからなかったが、それを補うように「つまり、今日と同じように、夜の空いた時間でいいから、今の話をブリーフィングしてほしいんだ」と言う。

「ブリーフィングなんてそんな、なんか、こう、役人みたいな……」

「オレだって一応、役人だよ。もっとも、その上に小さいがつくがね」

「ハハハ、もちろんいいですよ、ブリーフィング」

「ヨシ、決まった」。そう言って、彼はすぐに帰り支度を始めた。

翌日から、正確にいうと翌日夜から、三夜にわたってブリーフィングを行なった。まるでスポ根漫画のようであるが、現実もそのような感じだった。白石氏はじつに素直にメモをとったり、「そこで、素朴な質問だが……」などと、まるで学生のような態度を崩さず、それに臨んだのだ。

私の探索が、すべて正しかったかどうかわからない。しかし、白石氏は私の言ったことについて一切、首をひねるようなことはしなかった。

とくに、Ｈの〝報告〟のくだりでは、白石氏は警察官としての職業的興奮状態に陥った。それは無理もない、間接情報ではあるかもしれないが、このくだりはまさしく、世田谷一家殺害事件の当事者による供述なのである。

私は三夜にわたる白石氏との情報交換によって、私の探索の方向が間違っていなかったことを再確認するとともに、同氏以外の人にたいしても、同じことを何度も話しているうちに、しだいに私の頭のなかも整理されてきたように感じた。

あわせて一〇時間近くの長い時間をかけたブリーフィングで、私は白石氏にたいする義理を果たした。このあとはお互いの職掌に戻って、ここで得た情報をもとに、任務を全うするべく行動しなければならない。

そして、私は私で、これから手がけなければならない二つの重大な事案があった。そのために急遽、帰京したのである。そうでなければ、もう少々の時間は、大阪に滞在していてもよかったのだ。ただし、この急ぎ足の帰京は、あとになって、私に手痛いダメージを与えることとなった。

二つの重大事案

私が手がけなければならなかった二つの重大事案というのは、あの暁《あかつき》の泉尾公園でキム、リの両名から聞き得たものにほかならない。

その一つ目は「大阪のアジトにおいて、次なるターゲットが示された」というものである。そのターゲットになる人物、場所、そして人選、すべて、あのアジトで、練りに練られた。

これはまさしく瞠目すべき情報である。彼らのあいだで、いわゆる嘘、虚構、想像、あるいは妄想、あるいは夢であるとか希望などは、一〇〇パーセント語られることはなかろう。

そのことは私のなかで、確固たるものになっていた。彼らには、それらを語る時間も、意味もまるでないのである。そのようないってみれば情緒に依拠するものなど、一切が排除された集団なのだ。彼らはそれを承知でその組織に身を委ねる。

だから、そこで語られる〝仕事〟のプランニングは、速やかに事実上の行為（犯罪）となって、私たちの前に具現化されることになる。これまでそのサイクルが破られたことがないことを、キムとリは何度も強調した。それは従前に聞いた、失踪ベトナム人研修生二人からの話でも、充分すぎるほど理解できたことである。となると、ここで言われた次なるターゲットというのに俄然、注目せざるをえないのだ。

二つ目の重大事案、というのは、こうである。

「世田谷一家殺害事件の実行犯、H、それにY、Gの三人は、つねに行動を共にしているかどうかは定かではないが、大阪のアジトを引き払ったあと、いずれも東京に戻った。三人とも、最後はカネを握りしめ母国の土を踏むという目的に向かって進むだろうが、まずはどんな地区でもいい、この日本に自分がリーダーとなる橋頭堡《きょうとうほ》を築きたい、と思っている。その過程として、大阪のアジトが引き払われ、いったん東京に舞い戻っていった。ある程度、彼らの行き先は知っている」

私は、このことを聞いたとき、何回も木下氏をわずらわせて通訳してもらい、目をこすりながら、確認した。

これは、私の隠し球にしなければならないだろう。それも超弩級の……。それはもちろん、この二人、いや木下氏も含めて三人を、体を張ってでも守らなければならない、という意味でもある。

このようなことを、私のような職掌の日本人が知った、ということがバレれば、彼ら三人は間違いなく消されるだろう。なにしろこの内容なのだ。私はこの、二つの隠し球を抱え込んで、帰京したのである。もちろんこの隠し球のことは、先の籠原氏にも伝えていない。伝えられるわけもない。私は、自分の職掌上もつべき矜持の境界線を知っているつもりである。

私は、大阪、東京の二人への義理を果たしたあと、さっそく、この隠し球の探索に身を投じた。

第12章　次のターゲット

名古屋の女性風俗店店長誘拐・殺人事件

二〇〇二年の一二月、つまり、世田谷一家殺害事件が発生してあと数週間で二年が経過しようとしているときだった。予想されていた大事件が発生した。あの忌まわしい予想が、スケジュールどおりに、実行に移されたのだ。

その日、名古屋市の空は、晴れていた。しかし、その冬晴れは、陰惨な殺人事件によって引き裂かれた。

名古屋市中区内でエステ店経営の中国人女性（注　趙貞女さん。当時四三歳）が誘拐され、遺体で見つかった事件で、住居侵入容疑などで愛知県警が逮捕した中国人の男6人の一部が、県警捜査1課などの調べに「知り合いだったので最初から殺すつもりだった」と供述していることが14日、分かった。顔見知りによる事件であることが発覚しないよう、当初から女性を誘拐後に殺害する予定だったらしい。

……司法解剖の結果、首を絞められたことによる窒息が死因とみられる。顔や左腕などにも暴行の跡があった……。6人全員は誘拐殺人の容疑を認めているという。

調べでは、6人のうち、住所不定、無職、毛繭仁容疑者（23）は、趙さん経営とは別の中区栄《さかえ》のエステ店で店長をしていた経験などから、同じ業界の趙さんと面識があった。趙さんの店が繁盛していたことを知っていた毛容疑者が身代金目的で誘拐する対象として趙さんを選んだらしい。

誘拐計画では、中心的役割を務めていた住所不定、無職、高瞻容疑者（29）ら3人が元夫に電話をかけて身代金の受け渡し場所を指示しながら移動、別の3人が趙さんを監禁した中村区内のアパートで見張り役を務めていた。趙さんは4日早朝に誘拐され、高容疑者らが徒歩や車で指示した受け渡し場所に移動中の同日夜、見張り役の3人に殺害されたとみられる。

その後、同日深夜から5日未明にかけ、高容疑者ら4人が高容疑者の運転する車で遺体を運んで名古屋港に捨て、ほかの2人は現場のアパートで待機していた。

身代金の受け渡し場所を次々に変更、計7カ所を指定しながら元夫と接触しなかったことについて、容疑者らは「周囲の通行人がみんな警察官に見え、捕まるのが怖かった」と供述しているという。

調べでは、高容疑者らは4日夜、2番目に指定した名古屋市東区の地下鉄高岳駅の入り口付近を訪れたが「怖くなった」と現金の受け取りを中止したという。

（毎日新聞二〇〇二年一二月一五日）

引用した報道記事は、すでに事件が一段落した際のもの（ホシが割れ、逮捕されて、拘留期間中に受けている取り調べの模様が報じられたところで、事件は一つの大きな節目を迎える）であるが、この事件が起きたとき、私はただちにピンときた。

やっぱり起こってしまった。これが次の仕事にちがいない。犯行の手口、残忍極まりなく、グループによる仕事。計画的。動機、目的はカネ。ガイシャとは顔見知り……。私が懸念していた次なるターゲットがこのヤマだと悟るのに、少しの時間も必要なかった。

犯人グループを構成していた高を筆頭とする六人の中国人は、被害者である同胞、趙貞女さんをまずは誘拐し、その次に、趙さんが経営していた風俗店になんと八〇〇〇万円の身代金を要求していた。私の気分は、この事件を知ったときに随分と沈んでしまった。

予想されていた惨劇だったのに防止できなかった。私はなんのために、この犯罪グループの正体を追いかける取材を積み重ねてきたのか？　起こるべくして起こった犯罪を防げなかった……。

反省を繰り返しても、すでに犯罪は発生してしまった。事件発生後、捜査はきわめて順調に進行し、第一期中にホシは捕らえられた。大阪風俗嬢殺し、大分恩人殺し、つまりクリミナル・グループによる計画的かつ組織的犯行によるこれらの事件にくらべて、この名古屋の事件は、その解決が若干ではあるが、早い。それは、愛知県警の捜査力が他を上回っていたからではない。はじめから、このヤマのホシについて、かなり絞った見立てをしていた成果にほかならないのだ。

警察当局の目も節穴ではない。言葉を換えると、それだけわが国に、外国人クリミナル・グループによる犯罪が定着してきた、ということでもあるのだ。だからこそ、名古屋の事件は、速やかな解決を見たのである。これは私に二重のショックを与えた。

彼らクリミナル・グループに属している者たちから聞きだした、いわば犯行予告とでもいうべき事実を知っておきながら、それを事件防止になんら役立てることができなかったことが一つ。もう一つは、このときすでに捜査当局では、クリミナル・グループの存在そのものを捜査対象と見なしていることに気づかされた、ということである。

私だけが密かに追っているという自負が、取材行動の原動力になっていたことは否めない。しかし、いくつかの事件によって、「私だけ」というただし書きは現実問題、なくなっていたのである。

陰の指示者

この名古屋の事件が起きたとき、私はとるものもとりあえず名古屋に向かった。帳場（捜査本部）が置かれていたのは、愛知県警中署であった。同署には、昔からの知り合いがいる。河村（仮名）というその刑事とは、愛知県警中村署というJR名古屋駅の西側に隣接する重要所轄管内の事件で知り合っていた。

その事件は、内容そのものは残忍極まりなかったものの（交際相手の女性を、絞殺したあと、肉切り包丁で解体した）、かなり単純で、じつのところ、ホシなどはじめから割れていた。しかし、そのホシが数度の事情聴取においても頑として犯行を認めない。そればかりか、事件当夜のアリバイまで主張しはじめたものだから、捜査当局は相当に揺れてしまった。

その後、ホシが主張していたアリバイがニセと判明してから、首尾よく事件は解決したが、そのニセアリバイを曝いてみせたのが、その河村という刑事だった。そして、ニセアリバイ崩しの材料を提供したのが私だったのである。それは、至極簡単な話で、じつは、ニセアリバイを証明した人の所在と証言を捜査当局よりほんの少々先に得ただけのことなのである。

しかし、河村刑事は、その情報提供にいたく感謝してくれて、その後、名古屋で一課モノ（殺し、傷害、強力《ごうりき》等々の事件）のヤマが発生したときなどは、何くれとなく警察情報をもたらしてくれた。私の場合、そういつもいつも一課モノ、それも地域性の強いヤマばかり追っているわけではない。そんな事情から、河村刑事からもたらされた情報は、私のところに留まってしまうことが多かった。私は申し訳ない気持ちをもっていたが、この刑事はそれを意に介さないふうを装ってくれていた。

その河村刑事が、中署に昇進とともに異動したと聞いたときは、思わず新幹線に飛び乗って「おめでとう」を言いにいったものである。感激屋の河村氏は、予想どおり一際、感激してくれた。それが二〇〇二年六月のことである。中署の刑事部一係。愛知県警においては要職だった。

その日から約半年が経過して、その中国人女性店長殺害事件が起きた。

重要所轄署の強力担当の要職を拝命するや、半年後に全国版の殺しが発生した。不謹慎極まりないが、こんな僥倖はそうざらになかろう。河村氏はツイている。これからますます出世するぞ。私はそう思った。そう思いながら帳場を訪ねると、河村氏はひしゃげた、それも一色のみでつくられたネクタイを無理に締め直しながら、次に両手を広げた大仰な恰好で私を迎えた。

「よう来たなァ、来ると思っとったわ」。八丁味噌のようなまったりとした名古屋弁で、私は歓迎された。ふと日本はやっぱり広いな、と思った。九州、大阪、そして名古屋。地図で見るとじつに近く見えるのに、この言葉の違いはどうだ。

「河村さん、もうホシの目処はついているんでしょう？　それを教えてくれとは言いません。ただ、このヤマは、ここ二年以上のあいだ私が追っているいくつかの事件と関係があると見ているんですよ。もちろん、それにはわけがあるんですけれどね……。だから、このヤマの手口だとか、なんというか計画性だとか、そういうところをおわかりになっていたら、教えてほしいな、と」

「何を言うとんのォ、あんたァ。ウチがわかっとることは教えたるわァ。遠慮せんでええて。それより、なにィ、わけって。あんたはいっつも、謎かけみたいなことばっかし言うでなァ。ついていけんがね」

「別に謎かけしているわけじゃないけれどな。いいですよ、それはですね……」。私はそこでいったん、言葉を切った。

「その前に、私が訊いたことを教えてくださいよ」

「手口は簡単、扼殺《やくさつ》だがね。発表以外となると、うん、そうそう、計画性は充分アリ。ホシは、あっち（外国人）、ガイシャと同じ、と思われる……。こんなんでええの？」

「ホシの見当はついているんだろうから、あとは、無事パクったあとにタップリ訊きますよ」

「なにィ、えっらいアッサリしとるなァ……。こんなんでええの？　それで、そのわけってなんなの？」

掉尾の「なんなの」の二つ目の「な」にアクセントがつく独特の言葉。どうにも気になるが、不思議とこの町には似合っている。私はこれまでの取材経過のほんの一部分を話し、今この名古屋で発生したヤマに注目せざるをえなかったわけを簡潔に語った。

話をしている最中、河村氏が興奮してきたことは、その息づかいでわかった。饒舌だが、私が話しているときは、一切口を差し挟まなかった。中署には一階地域課の片隅にがらくたのような応接セットが置いてあり、そこが私たちの話し合いの場所になっていたのだが、気がつくとまわりには人が消えていた。

私たちを気づかって人が払われたわけではない。名古屋最大の歓楽街、栄を管轄する所轄署だけに、数十秒ごとに何か発生しているのだ。宵の口になってその発生率がさらに高くなったにちがいない。だから、それぞれの警察官の椅子が暖まるような時間はないのだ。それでも、このスプリングのきいていないソファに座ってから二時間は経過していた。

「どえらい話だね。わかった。ホシは捕まっとらへんが、もう挙がったも同じだ。一つお土産をやるわ」

河村氏は、私に「紙とペンを出せ」と言って、それを奪いとるようにして、ある名前を書いた。その後ほどなく捕まる六人の中国人の名前だった。常用漢字には見当たらないような不思議な漢字も正確に書いていた。なごやかな名古屋弁（洒落ているつもりはない）を話すわりには、感嘆すべき記憶力だった。

「これ……」。私は、尋ねようとした。

それを遮って「これがホシだ。全員パクる。所在もわかってる。直だがね。それより、もう一回その紙チョーデエ（貸してくれ）」。私はふたたびそのメモをわたした。

河村氏は、並べて書いた六人の名前の下の段に三人の名前を書いた。

私はその名前を見て、絶句した。

「これはいったい……」

「今のところは共同正犯として見なすかどうかギリギリの線で捜査しとるて。最悪パクれんかもしれん。だけどヨオ、ワシはこいつらが、このヤマのカゲの指示者だと睨んでる。おまえさんの話を聞いて確信したわ……」

それにしても……。私は河村氏の話を聞きながら、考え込んでいた。それにしても、この名前の一致はどういうことだ。

Y、G、それにZ。これらの名前は中国人には珍しくはない。しかし、私がこれまでの取材で知りえた名前と、この三人の名前がすべて一致するという偶然が起こりうるであろうか。

答えは、断然ノーであろう。Y、それにG、というのは、世田谷一家殺害事件の実行犯そのものであろう。またZというのは、Gが品川プリンスホテルなどで使っていた別名である。おそらく彼らの仲間に、実際にZという名前の者がいたのであろう。その実際のZが、このメモに書かれているZであることは、容易に想像がつく。

「そうか、そういうことだったのか」。私は思わず声にした。

「ワシの確信は間違っとらんだろう。だがな、この確信があっても、今のところ、この三人にはフダが出とらん。まずは、最初の六人を引っ張って叩くことからだがねェ」

私は、率直に疑問を口にした。

「そうなりますね……。ときに、河村さん、河村さんはなぜこの三人の名前を知ったのですか？」

「そりゃ捜査の過程だがね」

「いや、そういうことじゃなくて、この三人が共犯どころか、指示者というようなことをどういう過程で知ったのでしょうか？」

「それはな、ガイシャのところで働いていた従弟という中国人、こいつも不法滞在をしとんだわ、その中国人が漏らしたんだがね」

「ははあ、それだったら間違いないね。この三人が挙げられても挙げられなくても、とにかく今のヤマはかなり早く打ちあげられそうですね。やっぱり河村さんは違うなぁ」

私はおだてた。まんざらでもないような顔をして河村氏は、その幅広の肩を揺さぶるようにして立ちあがった。立ちあがったまま、ネクタイを喘ぐようにして外した。

「ちょっと付き合ってえな」。節くれだった短い指で猪口を傾ける仕草をして、出口に向かって歩きだした。私も満足していた。河村氏が捜査の過程で咥え込んできた情報が、私の推測をも一気に確定させてくれたことに満足していたのだ。その晩はしたたか酔った。飲んでいる最中に河村氏はこう言っていた。

「わしもなあ、おまえさんが言っている外国人犯罪集団がこれからの事件の主役になると思っとったんだがねェ。今回のヤマは、その一号や。だけどな、これからもっと住みにくくなるなあ、この国は……」

まったく同感だった。私たちは、この新しい恐怖にさらされながら、生きていかなくてはならなくなるのだ。酔ったが気分は重かった。

その後、本当にほどなくして、河村氏は手柄を立てた。それはそれでよかった。だが、あのメモの下段に書かれた三人について、今もって、逮捕されたという情報はない。

第13章　写真入手

パチンコ業界の顔役

年が明けて二〇〇三年になった。世田谷一家殺害事件が発生して、すでに丸二年が経過してしまっていた。警察当局の動きは気にならなくはなかったが、私はほとんど焦りを忘れて、この事件についての探索を進行させていた。

そんなある日、二〇〇三年の二月初旬のことである。たしか第一金曜日だった。私の携帯電話が鳴った。ディスプレイをたしかめることなく、私は電話をとった。

「齊藤ちゃん？　亀井（仮名）です……」

「アラア、御無沙汰していますねェ、どんな風の吹き回しかな」

「元気でやっとンの？　ときに齊藤ちゃん、あんた、金原さんと会うたやろ？」

「亀井さん、さすが地獄耳ですねえ、びっくりしましたよ、ええ、たしかに会いました」

「齊藤ちゃんが探しているヤツ、ワシのほうがよう知っとるんやでェ、金原さんにも話してたと聞いてワシのほうがびっくりしてもうたわ」

「ちょ、ちょっと、亀井さん、どういうことですか？　探しているヤツって、あの、その、外国人のこと？」

「他にあらへんがな。まあ、ちょっとワシの事務所に来んか？」

「今から行きますが、ええと、今、新宿でしたっけ？」

「ちゃう、六本木や、交差点からすぐのところ……」

亀井氏は六本木交差点からの道順を二回繰り返した。一回聞けばわかるようなじつにわかりやすいところだった。私の胸は期待ではち切れそうになっていた。

タクシーを拾って、すぐに六本木に向かった。座席に身を委ねながら、私は思わず「亀井さんが……」と口に出してしまった。運転手が「え？　六本木ですよね？」と訊いてきた。

私は、それには答えず考え込んでいた。

亀井氏とは、かれこれ一〇年来の付き合いになる。何を生業としているか、じつはいまだにわからない。ただ、パチンコ業界では相当の顔ということは知っている。パチンコがらみの話を取材したならば、彼は必ずどこかで登場してくる。

私はパチンコ業界が巨大商社と組んで仕掛けた、パチンコ専用のプリペイドカード事業の実態を取材しているときに、この亀井氏とぶつかった。それはまさしく、〝ぶつかった〟という表現がピッタリだった。

「あんた、何を取材しとるんや？　ワシらがやろうとしとる仕事にイチャモンつけるんか？」亀井氏は、当時、私が携わっていたある週刊誌編集部に突然、私宛ての電話をかけてきて、名乗りもせずにのっけからこう怒鳴ってきた。

「失礼ですが、どなたですか？　私は、編集部の齊藤と申しますが……」

「齊藤さんやろ？　間違いあらへん。ワシは、亀井ちゅう者や、プリペイドカードの仕事をしとる……」

私は、すぐにピンと来た。パチ（ンコ）のカードのことだな。この亀井という男は知らないが、いったいどこの意を受けて（電話を）かけてきたのだろう……。

「亀井さん？　どちらの亀井さんでしたかね？　プリペイドカードというと、パチンコ関係の……ですか？」

「ホレ、わかっとるがな。どちらの亀井って、ワシは、そのカードの仕事をまとめとる亀井や。あんたいろいろ嗅ぎ回っとるみたいやが、あんたが思っとるような話は何もないで。あんた、三菱商事やコスモイーシーなんか行って、さかんに『利権、利権』言うて回っとるやないか？　あんたが言うような利権なんてこれっぽっちもないわ。これ以上、つまらん詮索すると、ワシも黙っとらんからな」

「そうですか、それでは、亀井……さんでしたね、亀井さん、そのおまとめになっている話を聞かせてくださいよ。つまらん話かどうかは、それを聞いてから判断したいと思います。いいですか?」

私も引かなかった。亀井氏が何を言いたいのかは朧気ながらわかってきていたが、そのことは一切無視して、まずそのまとめ役と自称する亀井氏に会わねば、この先、この類の電話に追われることはわかりきっていた。

「ええやろ。すぐにワシの事務所に来てえな」。そのころ、亀井氏の事務所は上野の田原町にあった。要するに、亀井氏は事業を立ちあげようと画策しているときに、私のような彼らにとってネガティブな取材をする者にウロウロされることを阻止したかったのである。自分の事務所という、いわば〝わが陣地〟内における亀井氏は、電話よりさらに高圧的に出た。

実際、その事業には大きな利権が絡んでいた。私は亀井氏にそのとき会ったが、それでも、そのプリペイドカード事業のことはいくつかの雑誌に書いた。そのたびに亀井氏は、声のトーンを上げながら怒りを露わにしたものだ。

しかし、それから一年も経過しないうちに、同カードをめぐる大きな社会問題がもちあがった。偽造問題であった。それにアジア系外国人の重要な資金源になっているという問題もあわせもっていた。私が取材を繰り返していた、件のカード会社（パチンコ専用のプリペイドカード発行会社）は、株式を公開したものの、先に掲げた問題で赤字が膨張してしまった。

これが、私が亀井氏と知り合った経緯である。〝ぶつかった〟というのは、あながち大袈裟な表現ではないのだ。亀井氏は、それ以降もしばしば、私に連絡を寄越してくれていた。そのたびに、いわゆるネタの提供があった。もちろんなかにはタメにする事案もあれば、マッチポンプまがいの、ウラが透けて見えるものもあった。逆に、特級クラスのネタもあった。まったく玉石混淆といった体だったが、それはそれで、私が取捨選択すればいいことなのである。私としては、出会いはともあれ、なかなかいいネタ元としてお付き合いすることとなった。

そのうち、亀井氏の人脈や得意分野を知るようになる。パチンコの分野では、まさしく知る人ぞ知る人物ということは先にも紹介したが、同様に外国人、それもアジア系外国人の掌握においても人後に落ちないことを私は知るようになっていた。だから私は亀井氏に、ある複数の人物の照会をもちかけていた。

「亀井さんのアンテナに必ず引っかかってくる若者です。もし、情報が入ったならば、連絡くださいな……」

私の相談に、亀井氏は「そう再々、期待に応えられまへんでェ」などと冗談めかして答えていた。ただ、私はその探している若者たち（H、Y、G）がどのようなことをしてきたのか、ということは言わなかった。亀井氏も訊かなかった。その依頼は、すでに前の年からしていた。キムとリから、世田谷の事件のホシであるH以下三人が東京に舞い戻っている、という情報を獲得してすぐのことだった。

その亀井氏からの電話だった。私の期待が大きく膨らんだのも無理はなかった。

写真のなかの男たち

「苦労したんやでェ、あんたのために……」。亀井氏が思わせぶりに言った。口元が笑っていた。その口調や表情から、あまり苦労していないことは、私にだってわかった。しかし「お手数ばかりおかけして、かたじけない、亀井さん」と、形式的に頭を下げた。

「フン、ホンマにそない思うとるんやろか？　まあ、ええわ……。これや、こいつら、やろ」

来た、来た、来た！　私の心臓の音が、部屋全体に鳴り響いているようだった。亀井氏は、無造作に数枚のキャビネ判の写真を応接セットのテーブルの上に投げだした。

私はそれを一目見て、背中が粟立った。いきなりカウンターパンチを食らったような気がした。実際、私の目の奥で火花が散った。間違いない！　私の直感が、そう心の叫びをあげさせた。

「こ、こ、これ、亀井さん、どうして？　どこで手に入れた？」

「何をそんなに舞いアガッとるんや。あのなあ、蛇の道はヘビ、言うやろ？　あんたのリクエスト聞いて、ワシが苦労して見つけたんや。若いの仰山つこうてな……。だから、これ、見るのだけかて、たっかい（高い）でェ」

亀井氏がそういう冗談を言っているときも、私は食い入るように写真に見入っていた。

ああ、この男たちに間違いない！　私の直感はしきりに疼《うず》いていた。それら写真の束には、いずれも二〇代半ばの黄色人種が写っていた。どれもこれも正面を向いて、ジッとこちらを睨んでいる。

一人は細面、頬はこけ、三白眼。髪は無造作に伸ばしている。フードつきのグレーのトレーナーを着ている。唇は薄く、目の下の隈が顕著である。胸から上の写真だから背の高さなどはまったく推し量ることができない。

「その痩せたのが、あんたが言ッとった、Hと名乗る男の子や。韓国人や」

これがHか……。そうだろうな、いや、そうにちがいない。この鞣《なめ》した革のようなイメージは、H以外にはない……。

その写真をひとしきり見て、ようやくもう一人の男が写っている写真に目をやると「そいつは、Yという中国人や。こんな名前いくらでもおるやろうけれど、あんたが言ったいくつかのヒントに見合うのは、このYしかおれへんね」

四角い顔というのを、そのまま体現した輪郭、狭い額、大きな鼻。上は薄いが、下は厚い唇。一応正面は見ているが、どことなく落ち着かない表情を湛えた目。その目は、それほど大きくない。目の粗い黒っぽいセーターを着て立っている。この写真は腰あたりまで写っている。身長はそうなさそうではある。

「亀井さん、これはどうやって？」

「こいつらなあ、ワシのとこの元若い衆やったやつが店長しとる店に、揃って、やってきたんや。それがあんたが言う時期と同じなんや。念のために名前を訊いてみると、驚いたわあ。それこそ、あんたが言っとった名前と同じやないか。それで、その店長に履歴書代わりの写真を撮ってもらったんが、それや」

私の頭のなかは、これからしなければならないことが、渦を巻きだした。やがてその渦は、なんともいえない一色の、それも鈍い銀色の不安定な円になっていった。目の前にいる亀井氏の顔も、そのときはその円に遮られて見えなくなっていた。

「亀井さん……」。私は、見えなくなった相手の顔あたりに声をかけた。「……すぐ行かなくては。これで失礼します」。大事な写真の束は、ズボンの右ポケットにねじ込んだ。

「ありがとうございました。追って連絡します。じゃあ……」

「なんじゃい？」亀井氏は、こう声をかけたきり、もう、私を追いかけてこようとはしなかった。

私は、ズボン右ポケットを無様に押さえながら、六本木の外苑東通りで車を拾い、そのままの姿勢で東京駅八重洲口まで運ばれていった。車のなかでその写真の束を改めるようなことはしなかった。そこで見ると、肝心の男たちがすっかり消えてしまっているような気がしたのだ。

大事に、ポケットの上からその束を押さえながら、私は左手で携帯電話を操っていた。左手で操作することなどはないので、きわめて不器用ではあったが、それでも、ちゃんと目的の相手とは話ができた。

メンバーからのウラ取り

「それでは、天王寺動物園の正門前で。エエ、九時ですね。了解」。私は満足しながら電話を切った。車は八重洲口のロータリーに滑り込んでいた。

数分後、私は新幹線「のぞみ」に飛び乗っていた。ふと見ると私の携帯電話には、数本の着信が記録されていた。同じ数だけの留守番電話の通知もあった。一本を除いて、ある週刊誌編集部からのものであった。一本の通知を残して、留守番電話の記録はみな、消去した。

残った一本には、こんなメッセージが入っていた。「齊藤ちゃん、さっきはドオモっと。あの件は、ワシが責任もったるから、心配せんでもええが、あの写真に写っていた男たちの逃げ込み先だけは、誰にも言わんといてな。では」

亀井氏からのものだった。亀井氏には、私が誰を追いかけているのか、どのような事案で取材活動をしているのか、一切言っていない。ただ、これこれこういう人たちが、東京のどこかに入り込んでいるはず（潜伏しているはず、と言い換えても差しつかえない）だから、亀井さんの網に引っかかってきたら、密かに教えてほしい、と、これだけを言っていた。

アジア系外国人、それも不法滞在者の動向に詳しい亀井氏のネットワークに、わずかこれだけの要望を出したのみである。それに亀井氏は応えてくれた。私は写真まで手に入れることができるとは思ってもみなかった。所在がわかって、そこから苦労して隠し撮りくらいはしなければならないだろう、と思っていた。ところが亀井氏はいかにも無造作に写真を手に入れてくれた。

しかし、おそらく今でも、これらの男たちが何をやったのか知らないであろう。私は本当にありがたいと思った。ただ亀井氏は、そのアンダーグラウンドなネットワークを知悉しているくらいだから、この写真の束に写っている男たちが、ただのネズミではないことにはもう気づいているはずだ。

パチンコホールというのは、じつは不法滞在者の逢着先としてもっともポピュラーな場所なのである。多くのオーナーが在日と呼ばれる人たちであることは、もはや周知のことである。被雇用者の定着率が悪い、だから、ほとんどが臨時雇用で〝臑《すね》に傷もつ〟外国人にとっては、都合がいい環境である。

亀井氏はそのことをよく知っているばかりか、おそらくそのような人材をいくつかのホールに密かにはめ込むようなことも、これまでに幾度となくしていたにちがいない。

私の狙い目はじつはそこだった。だから亀井氏にこの特殊な要請をしたのだ。亀井氏は、先ほどの留守番電話で、たしかに「逃げ込み先」と言っている。ちゃんとわかっているのだ。そして、それはまさしく逃げ込み先であった。彼らはそのパチンコホールに臨時雇用されることで逃げ込みを図っているのである。

亀井氏には、この先ウラがとれた段階で、彼ら写真の主たちが何をしてきた者たちなのか、ということを明確に伝えようと思っていた。亀井氏は、それを聞いてもさして驚かないかもしれない。それを聞くために、私の要請に応えたわけじゃない、と言うかもしれない。それでもいい。それは私の仁義とでもいうべきものだった。

そんなことを考えながら、私はこれから行なうウラ取りについて思いを馳せていた。列車は、薄暮の近江平野を驀進していた。彦根城のシルエットが見えた。

午後九時前の天王寺動物園正門前あたりは、人の気配が消えていた。それは何もこの日ばかりではない。要はガラが悪いのである。多くの健全な市民は、このようないささか危険とされているようなところには、夜、足を運ばない。

木下氏はすでに例の二人を連れて、背の高い鉄製の格子を背に私を待っていた。

「齊藤さーん、突然、お呼びになったんで驚きましたわ。この子らを連れだすのにも、結構、手間かかってしまいましたわ。いったい、なんですの？」

一切の挨拶を抜きにして、木下氏が言った。言葉ほどに怒ってはいなかった。むしろ機嫌はよかった。

「これはどうも、あいすみませんでした、木下さん……」。私はこう言って、木下氏から、後ろに控えている二人に目を転じた。

あのときのとおりだ。私はある種の懐かしさを感じながら彼らを眺めた。彼らは一切口を開かないが、いずれも私を見つめている。その目に少なくとも敵意はなかった。彼ら二人は港湾労働者特有の作業着を着ていた。南港かどこか、近くの港で仕事をしているのであろう。

「やあ、ありがとう」。私は感謝の思いを込めてこの二人に言った。二人は黙っていた。

「それで、どういうこっちゃの、齊藤さん。何か、見てもらいたいものがある、ちゅうてたな？　さっそく、見せてんか？　こいつら、一一時過ぎにまた仕事に戻らないかんねん」

「それは申し訳ないことをしました。ではさっそく……これなんですが」

私はそう言って、ズボンの右ポケットから例の写真の束をとりだした。動物園をとり巻く街灯の光のなか、彼らは、その束を覗き込んだ。

……。

季節はずれの蛾が、一匹、鱗粉を撒き散らしながら私たちの輪のなかに入ってきた。

……。

「〇〇××」。やっと、キムが何か言った。その声のトーンが興奮を露わにしている。表情は冷静なように見えたが、私はそのトーンを聞いて、すでに〝勝った！〟と心のなかで叫んでいた。何に勝ったのか、そんなことはどうでもいい。私だってわからない。しかし私は、この写真の主が私の思ったとおりの人物たちであることを、そのキムの声を耳にしたときに知ったのだ。これはたしかに、ある種の勝ちにちがいない。

「齊藤さん、この写真、このあいだ、こいつらが言ッとった、例の連中や、と言ッとりますよ！　え？　ええ？　いやあ、ビックリやなあ……」

私は、もう一度、キムとリの顔を正面から見据えた。彼らは、私の無言の問いかけに、深くうなずいた。

「どうもありがとう」

「あんたがこの写真をどこで手に入れたか、なんて野暮なことは訊かんわ……。それにしても、ヨウやったなあ。さすがやで。なあ？」

そう言って木下氏は従者のように従えている若い二人を振り返った。二人は、何も言わなかった。

「仕事に戻る前に、この近くで何か食いませんか？　まだ、二時間ほどある」

私は、そう言って彼らを誘った。私のほうは、どうせ今日は大阪で泊まる。

「ええよ……」。木下氏は、二人の若者を促した。

私たち四人は、それから五分後、ジャンジャン横町にある汚くて手狭な串揚げ屋の片隅のテーブル席に縮こまって座っていた。

「うまいなあ、大阪の串揚げは」。私は本心からそう言った。木下氏以下、二人の韓国人の若者だけでなく近くにいた客数人が私の言葉を聞いて爆笑した。私も同じように爆笑した。それを見て、また彼らはそれ以上の大声で笑った。

私の心はそのとき、たしかに満たされていた。串揚げを食って、焼酎を飲みながら、それでも私たちは、例の写真の束のことについては、もう誰も口にしなかった。最後に、キムが「サヨナラ……」と日本語で言った。私はなんの気なしに「じゃ、また」と返しただけだった。そして今夜の塒《ねぐら》に向かって歩き始めた。


翌朝、私は、気力を漲《みなぎ》らせながら、東京に戻った。

まず、二人のベトナム人に会わなければならない。そのあとは、あいつ、デコスケ……。あいつは、どんな顔をするだろうか。

そんなことを思いながら一人ほくそ笑んでいた。ド・シアン・レンとフー・ビャン・クオという例の二人のベトナム人の雇い主、クァオ・ヴァン・チュー氏に新幹線のなかから電話をしておいた。彼は、渋谷のいつか行った店で待ち合わせをしよう、と言った。二人の若者も呼んでおく、とも言ってくれた。

「ただし、ランチ代は三人分、もってくださいね……」。彼はそう笑って言いながら電話を切った。

渋谷の店に行くと、もう彼らは片隅のテーブルに座って、いくつかの料理皿に顔を突っ込んでいた。「ヤアヤア、齊藤さん！　お待ちしていましたよ。一緒に食べましょう」

このようなときにベトナム人というのは「何を食べますか？」というような質問はしない。自分たちが食べている料理を一緒に食べるのが当然という〝常識〟がある。私もそれにあわせてさっそくフォークをとりあげ、私の席の前に置いてある空いた皿にいくつかの料理をとり分けた。

そして、おもむろに、例の写真の束をとりだして、クァオ・ヴァン・チュー氏に目で了解を求めながら、料理に熱中している二人の若者にそれを見せた。彼ら二人は、最初、一様にキョトンとしたが、真面目に写真を見ると、今度はギョッとしたような顔をした。とくに中国人、YとGの写真には、著しい反応を示した。

「これ、品川プリンスにやってきたチャイニーズでしょう？」

私は日本語で言った。唯一、日本語がわかるクァオ・ヴァン・チュー氏が、私の言葉に驚いて睨み返してきた。この私の問いかけを、この二人の青年に言うのか、という確認だった。私はうなずいた。

早口で何を言っているかわからなかったが、彼ら二人は、この写真の主は間違いなく彼らをクリミナル・グループに誘い込んだ中国人であるということを認めた。

私はその答えをクァオ・ヴァン・チュー氏からあらためて聞いて、思わず大きな溜息をついた。

「ありがとう」。私は席を立った。

「ちょっとばかり行くところがあります。みなさんはゆっくりしていってください。いや、支払いのほうは、しておきますよ」。私は笑いながら言い残して、その店を出た。

彼ら二人、ド・シアン・レンとフー・ビャン・クオは真面目に働いているようである。それは彼らを見ればすぐわかる。現在日本においては不法滞在者であるかもしれないが、それでも、重要な労働力となって毎日を過ごしているようであった。そのことがいいことなのか、そうでないのかは、私にはわからない。

しかし、ただ一点、私のなかに根差した確信があった。彼らはYやGから誘われて一時はそのグループに入ったかもしれないが、今のところ、そこに拘泥もせず、また、そこでいかなる犯罪にも荷担していない、という確信だった。それだけでいいのだろう、と思った。

石川警視総監の訪韓

私は、その足で、その日の午後、警視庁の白石刑事を訪ねた。彼に言うべきことは、ほんの数分で済んだ。

「あんたは、これをどうするつもりだ?」

私の話を聞き、絶句して、数分経過したあと、やっと彼はこう言った。

「そういうことは、お互い聞きっこなしだろう?」

この刑事は、おそらく私からの情報をどこかで生かすにちがいない。それを阻止する権利も、また「やってくれ」とお願いする権利もどちらもないことを私は充分に知っていた。

それでも、白石刑事から「重複しているモノを一点ずつ貸してくれないか?」と言われたとき、断りはしなかった。H、Y、それにGの写真は、同じようなポーズでいずれも二、三枚ずつあった。私は貸したものは、もう戻らないと思っている。

「好きに使っていいが、使うときは直前でもいいから知らせてくれよ」

その刑事は黙ってうなずいた。それから二カ月ほどあと、白石刑事から連絡が来た。

「極秘だが、あの写真を使うときが来た。実際に使うのはオレじゃない。(警視)総監だよ。

その内容はすぐにわかる。あんたなりに忖度してくれよ」。彼は電話でそう言った。それからしばらくして、次のような記事が各紙に掲載された。

石川警視総監が訪韓
【ソウル24日共同】警視庁の石川重明警視総監が二十四日、ソウル特別市地方警察庁(ソウル市警)と国際組織犯罪対策などを協議するため訪韓した。
警視総監は首都警察のトップで、原則として東京都を離れないことになっており、現職で外国を訪問するのは戦後初めて。
石川警視総監は二十六日までの滞在中、韓国のスリ犯罪チームの日本での犯行や日韓の組織暴力団の連携などの問題について韓国の警察当局と情報交換を行い、対策などを協議する。

（共同通信二〇〇三年八月二四日）

この記事のなかにおける〝スリ犯罪チーム〟というのがカモフラージュだということは、白石刑事から直接聞いた。そして石川総監が密かに、白石刑事から上がっていった例の写真を忍ばせて、韓国の警察首脳との情報交換の場に臨んだことも、聞かされていた。そして日本の捜査官は、例の写真を複写して、韓国国内を任意で〝探索〟した。しかし、その結果は出せなかった。

第14章　夜の訪問者

チタン酸バリウムが付着する場所

世田谷一家殺害事件が発生して、五年が過ぎてしまった。巷間を震撼させたこの大事件は、発生時からまったく進展なく今を迎えている。

しかし、この事件がなぜ、私たち一般市民を震えあがらせたのか？　殺人事件ならば、毎日のように発生しているではないか。そのなかでなぜ、この事件だけが、いつまでも私たちの脳裏から離れないのであろうか？

私はこの事件について取材をしていくなかで、その結論をこう導きだしてみた。この事件は、いつわが身に降りかかってくるかもしれない、そんな不気味な可能性を感じさせる、だから、一般市民をこれだけ恐怖させているのである、と。

この事件によって、私たちは、これまでにない恐怖を無意識に実感したのである。それは、すなわち、治安最良と思っていた日本という国を覆い始めた暗雲とでもいうべきものであろう。この暗雲を日本上空にもたらしたのが、この事件ということに説明の要はない。

冒頭にも記したが、私は私の方法論にもとづく取材の結果を本書に記してきた。多すぎるほどの情報に振り回されたことはない、と言ったらそれは嘘になるが、それでも自分の見立てを丹念に追って、それをここにまとめたのである。

私はこの一連の取材に厳然たる自信をもっている。繰り返しになるが、この五年にわたる取材と探索は、当局の捜査とは一線を画す、もっとも真実性の高いものだという、揺るぎない確信をもっている。


Hらが残した遺留品の数々は、まさしく膨大である。そのなかで私がもっとも注目したのは、犯人のものと断定されている深緑のヒップバッグのなかから採取されたチタン酸バリウムという化学物質である。

この物質についてはほとんど報じられていない。あまりに唐突な物質だけに、警察ももてあましてしまったという状況があったことが容易に推察される。たしかにこの物質の登場は捜査に混乱を与えるだけのものであろう。それくらい特殊なものなのだ。

チタン酸バリウムというのは、前述のとおり塗装などに使用される物質である。たとえば鋼鈑の塗装などにはごくごく一般的に使われるものである。一般的とはいっても、一般消費者にとっては、まったく特殊なものである。なぜこのような特殊な物質が、ヒップバッグの底にあったのか？

この疑問が私の興味を大いにそそった。調べてみると、このチタン酸バリウムというシロモノは、ある場所でしか容易に身体に付着しないものだという。そのある場所以外で付着、あるいはもちだせるものではない、ということである。

そのある場所というのは、この物質を精製、製造している工場である。だから当然、それは化学的につくりだされるのである。

私は、その工場についての調査をしてみた。そしてこの物質をつくっている工場が、なんと九州に多くあることを発見した。

九州……。この地域については、土地鑑がある。大分の恩人殺害事件がそうである。そして、犯人の外国人留学生たち……。この地域（九州）はたしかに広いけれども、私には何かつながりがある、とピンときた。

そして私は、その痕跡を見出した。ある大手のチタニウム工場（この工場こそ、チタン酸バリウムという特殊な物質が身体にいつでも簡単に付着しうる場所なのだ）で、大分恩人殺害事件に関与していた留学生がアルバイトをしていたのである。それは朴であり、また金であり、張であった。

この事実に私は仰天した。まったくつながりが想像できない点と点でも、丹念に調査してみればこのように、線を構成するまでに成熟するのである。ヒップバッグのなかのチタン酸バリウムの調査で、私の確信はいよいよ深まっていた。

ソウルのダウンタウンから出た指紋

警視庁の特別編成された捜査官が、彼の写真を胸に秘め、韓国国内に潜り込んだのが、前述のとおり二〇〇三年夏のことであった。その結果は、残念ながら出なかったことも前述のとおりである。彼ら捜査官が誰で、どこに行ったか、ということについてはあえて本書では記さない。それは、彼らの矜持を傷つけるかもしれないという配慮ではない。結果が出せなかった、というのは、何もしなかったということと同じだからである。何もしなかったことについては、いくら記してもそれは不毛なる行為である。誰にとっても不毛なのである。

ただ一つだけ、不毛を承知で記しておくならば、韓国、ソウル市内の某所、典型的なダウンタウンの古ぼけた集合住宅の一室で、わが国の数カ所で検出された問題の指紋《モン》が、高いポイント数で確認された、という事実である。この某所にいたるまで捜査は、紆余曲折を繰り返したらしいが、たどりついた先は当を得ていた、ということであろう。ただ、その先、その指紋の持ち主（Hである）の行方は、同国内からは見出すことはできなかった。つまり結果が出せなかった、ということである。

もう一つ、ここに明記しておかなければならない事項がある。世田谷一家殺害事件が起きてから四年余が経過して、同事件と密接な関係にあった大分の恩人殺しの裁判が終結した。

恩人殺し裁判

大分県山香町日指の建設会社会長、吉野諭さん（当時73歳）夫妻が2002年1月、元留学生らに殺傷された事件で、強盗殺人罪などに問われ、死刑を求刑された当時少年の元中国人留学生（22）ら3被告に対する判決公判が15日、大分地裁で開かれた。鈴木浩美裁判長は「殺意は認められない」とし、強盗致死傷罪の適用が相当としたうえで、元留学生と元韓国人留学生金ビン秀被告（29）に無期懲役（求刑・無期懲役）、元中国人留学生安逢春被告（26）に懲役14年（同15年）を言い渡した。

（読売新聞二〇〇五年四月一五日）

さらに別の新聞記事から抜粋しておこう。

大分県山香町で二〇〇二年一月、建設会社社会長吉野諭さん（当時七十三歳）が殺害され、妻の恵美子さん（74）が重傷を負った強盗殺人事件で、県弁護士会（山本洋一郎会長）は八日、中国に逃亡した中国人元留学生二人の身柄を拘束するよう求めた要望に対し、中国駐日大使館領事部から「重要案件として引き続き捜査する」との回答があったことを明らかにした。
回答書では「日本側から捜査共助の要請を受けた後、直ちに中国全土で捜査活動をスタートしており、今まで中止したことはない。国際犯罪に対しては断固として取り締まる、との立場は変わらない」としている。

（読売新聞二〇〇四年三月九日）

中国に逃げ、国際指名手配されている朴哲と張越を除く三人は、これで命運が決した。もちろん、逃亡中の二人にたいしても、異例の日中連動の捜査が始まったことで、一つの段階を越えたと見て差しつかえないだろう。しかし依然として、世田谷一家殺害事件のたどりつく先は、見えていない。

消された証言者

この間、私にとってあまりにもショッキングなことが起きていた。二〇〇四年冬のことである。大阪府警の籠原氏から電話があった。彼は一切の挨拶を省いて開口一番こう言い放った。

「齋藤ハン、リが浮いたわ、スマン……。言い訳無用や、堪忍してや……」

「籠原さん、いったい、何？　……リが浮いたって？　死んだのか？」

「そや。迂闊やった」

私は一切を理解した。リが浮いた、というのは、殺されて水に浮いたということである。クリミナル・グループを甘く見てはいけないのだ。彼らの存在を外部に少しでも漏らした者は、必ず粛清される。籠原氏にも、そのあたりは言っておいたつもりだった。

しかし、リは、浮いた。大阪湾の重油と汚泥にまみれたあの黒い海に……。あのリが……。

そんな予感はしていたのだ。

私は、何も言わないで電話を切った。頭が動転していた。リを殺したのは、誰か？　私……か？　私がたどっていった数々の情報源は大丈夫か？　韓国人、中国人、それにベトナム人……。しなければならないことがたくさんあった。しかし、私はただ立ちすくむだけだった。

事件の語り部がついにいなくなった。憤怒なのか、焦躁なのか、あるいは、口惜しさなのか、とにかく、まるで空中を不安定に歩き回っているような気分の日々が続いていた。そのとき、いつも私の頭のなかでうなりをあげていたのは、宮澤一家の御母堂の言葉である。そう、あの「鬼の言葉」。あの問いかけに事件から五年以上経過しても、答える術すら見出せていない。それどころか、その術も失ってしまったのである。

模倣犯の出現

世田谷一家殺害事件が起きて、それはいまだに解決していない。わが国には、数千人単位のHが、巷を歩いているのである。この国は、凄まじい勢いで、犯罪密集国となっている。そのことに誰もが気づいている。

たとえば、先にも引き合いに出したが、二〇〇三年六月二〇日に発生した福岡一家四人殺害事件である。福岡市東区馬出《まいだし》四丁目の衣料品販売業、松本真二郎さん（当時四一歳）と妻千加さん（同四〇）、長男で小学六年の海《かい》君（同一一）、長女で同三年のひなちゃん（同八）の一家四人が自宅で襲われ、六月二〇日午後、約三・五キロ離れた同区箱崎埠頭岸壁近くで遺体で見つかる。

これが同事件の幕開けである。殺害方法は四人いずれも絞殺だった。絞殺後、四人とも発見現場となった海に放り捨てられるわけだが、その際、犯人は、遺体が浮かびあがらないように、入念に鉄アレイや手錠をかけていた。幼子までその毒牙にかけたうえに、死体遺棄のやり方があまりに非道であったことで、この事件の波紋は大きく拡がった。

この事件は、世田谷一家殺害事件とはいわば相似形にあたる。事件がもつ特徴が似ているのである。第一に、この事件の捜査も世田谷同様、初動段階で相当難航した。遺留品が多いわりには、犯人像や一家を皆殺しにするというその動機の見当がつかず捜査は暗礁に乗りあげっぱなしであった。事件の報道も同様に右顧左眄し、怨恨説に始まって、遺産相続をめぐる親族犯人説から、あげくは殺し屋派遣説まで、いずれもまことしやかに流された。

一方では遅々として進まない当局の捜査を揶揄するがごとく、一部大手紙などはこのまま迷宮入りするのでは、と事件発生後一カ月の段階ですでに報じたりしていた。これは、そもそも、世田谷一家殺害事件が根底にあったからであろう。

このようにいくつもの方面で混沌とした状況が見られたのである。ここまでは、世田谷一家殺害事件とほぼ同形の推移を見せた。ただこの事件と世田谷一家殺害事件の真の意味での相似は、この後犯人が挙げられてからにある。事件発生後、約一カ月半後、中国人留学生で元専門学校生、魏巍が福岡県内で逮捕された。共犯者（実行犯）は他に二人おり、いずれも中国人留学生だったのである。一人は私立大学留学生の楊寧、もう一人は、日本語学校生の王亮という者である。この二人は事件を起こしたあと中国に帰国してしまっていた。

驚かされるのは、この事件はすべて中国人留学生によって引き起こされたものだったことである。みな、違う学校に通っていながら、彼らは緊密に連絡をとりあっていた。犯行の動機を彼らはカネと自供している。そして、彼らはカネをもっている（いそうな）家、もしくは一家を物色し、丹念なロケハンを行なったあと、松本さん一家をその自宅で殲滅し、そのうえで金員《きんいん》を奪うことを最初から目論み、そして実行したのである。

まるで、世田谷一家殺害事件の模倣、あるいは再来としかいいようのない共通項である。

福岡の場合は、実行犯に死刑あるいは無期懲役が言いわたされて一応落着したが、このような事件が日本で頻々と起こるようになったのである。

そして、われわれは自分が寝ているあいだに、いつ招かざる「夜の訪問者」がやってくるか、戦々恐々として暮らさなければならない毎日を過ごしているのだ。今日も彼らは、どこかのドアを開けようとしているのかもしれない。

エピローグ

事件が発生し、それなりの時間が経過した今、この事件のすべてが膠着していることに説明の要はない。ただ、事件の当事者、とくに被害者はどれだけの時間が過ぎ去っても、事件がもたらした出血は止まらない。膠着しているのは、当事者以外の〝世間一般〟だけである。

私はマスメディアという括《くく》りのなかで仕事をしている以上、一つの事件にたいしてなにがしかの楔《くさび》を打っておかなければいけないと思っていた。そこにこの事件が起き、取材に当たったのである。そして、独自の観点からの取材、調査ができた。これを書物として残しておかなければならないという、強い義務感が育まれたのだ。僭越ではあろうが、事件当事者の人たちの出血を少なくすることができれば、との思いもある。被害者となった宮澤さんの御遺族の方々に、私が知りえた事実を少しでもお伝えしたい、という思いである。冒頭にも記したように、宮澤さんの御両親の言葉がなかったなら、私はこの事件の取材をここまで続けることはなかったであろう。

しかしもっとも強いのは、今でもどこかで笑っている犯人への殺意に似た憎悪である。絶対に許せない、この思いが取材を進ませ、調査を捗《はかど》らせ、筆を走らせた。私の思いは、これまでの事件取材のように、その後、決して小さくなりはしなかった。

本書を執筆しているあいだ、私がいつも頭に描いていたイメージがある。一つは、律動を繰り返しながら一つの布製品を紡いでいる紡織機の回転、そしてもう一つは、わずか数センチのコンクリートの板を隔てて、その下に果てしない暗黒が拡がる暗渠《あんきょ》である。紡織機の回転と暗渠。いかにも観念的な表現であるが、私にはそのような光景がありありと浮かんでいた。

この光景の意味するところは何か。紡織機の回転とはすなわち、私自身の取材活動である。この世紀末の大事件について、私はほぼ全容をつかんだと確信している。この確信は動かしがたい。

この事件を解き明かすためのヒントはさまざまな場所にばらまかれていた。しかし、各地の警察に点在するヒントを結びつけるという行為が一切なされなかったのである。もし、それら一つ一つを紡いでいけば、必ず、一枚の見取り図ができあがったはずである。

私がたどりついた結論に、なぜ、これまで誰もたどりつけなかったのか。この素朴な疑問にたいする答えがここにある。私はつねに情報をつないでいく紡織機の動きをしてきた、と思っている。もっと実情に即していえば、誰も紡織機を回転させようとしなかった、ということになろう。

もちろん情報は、各セクションによってあるときは隠され、あるいは何十枚という資料の一番下に置かれたまま、ということだってあった。各警察本部の壁は大きく厚い。世紀末に世田谷で起きた大事件の犯人は、そのセクショナリズムの障壁を見事に利用したかたちとなった。

私はそれぞれのヒントを拾える立場にあった。だから紡織機として警察情報をはじめとするヒント（事実）を紡いでいくことを行なったのである。この方法によってしか、事件を解明することはできなかったはずである。

あえて触れなかったが、取材をして役に立つ情報を取得できることなど一〇〇回に一回程度の割合でしかなかった。第三者から見るとバカバカしい作業かもしれない。しかし、私は運良く手にすることができた数少ないヒントを途中で投げだすことはできなかったのである。

他方、暗渠のイメージもまた情報の断絶を意味している。事件にはさまざまな要素が絡んでいた。しかし、事実と事実との狭間にはまったく光が当てられなかった。それが暗渠なのである。わずかな厚みのコンクリート板の下でうごめく邪悪な存在に、誰も目を向けなかった。そこを探れば事件は急転直下、解決への道を歩んだかもしれない。

私はこの事件の取材をしているあいだ、いつも暗渠のなかを歩いているような気がしていた。どこに行けばいいのか、まるで見当がつかない。このまま外に出られないのではないか、と思ったりした。多くの捜査員も同様の思いをしたはずである。ある本部詰めの捜査官は「このトンネルは出口がない」と言いきった。

インターネットを使った情報のやりとり、留学生たちのあいだの連携、クリミナル・グループ……。すべては暗渠のなかにおける蠢動《しゅんどう》であった。暗渠でうごめいている凶暴な獣は、ある日突然、姿を現わし、私たちの生活を壊滅させる。そして事をなしとげたあとは再び暗渠に潜行する。それが世田谷の事件だったのである。

Hらクリミナル・グループの精鋭たちは、警察すら忌避する暗渠をたくみに利用した。暗渠をかき分けてまで自分たちに迫る者がいるとは思っていなかった。それはたしかに正解であったかもしれない。

本書の校正をしている最中に、なんとも言いようのない出来事に出くわした。事件から数カ月の時期に、捜査本部の警部補が虚偽報告を繰り返していたというのだ。聞き込みの内容についてデタラメの報告を捜査本部に上げていただけでなく、そのときに採取した指紋は、その警部補自身と妻のものだったということが発覚し、それは報告書三五通に及んでいた。この警部補は「住民の協力が得られないので、やむなく虚偽の報告を行なった」と述べたそうだ。本人はこの一件で懲戒処分となったところで依願退職を申請し、警察を去った。

この呆れるほかない不祥事にあえて触れるのは、警察は他にも不都合なことを隠し込んでいるのではないかと考えられるからである。そう考えるほうが自然であろう。今回は内部からのタレコミで発覚したそうだが、そうしたキッカケがないかぎり、すべて埋没したままなのだ。これこそが、世田谷一家殺害事件をめぐる警察の態度を象徴しているのではないだろうか。

あらゆるレベルで山積した隠しごとが、事件解決を阻んでいるのだ。指紋をはじめとする重大情報が、警察内部の壁によって隠匿されている。そのうえ虚偽報告に見られるようなモラルハザードまで起きている。こんな組織に誰が進んで協力しようと思うだろうか。これはまさしくわが国の治安上、重大かつ深刻なる事態である。

私たちの国は、確実におかしくなっている。私はこの事件の取材を通じて、そのことを痛感せざるをえなかった。従来のやり方では太刀打ちできない大きな変化が起きているのだ。

本書が、この恐るべき変化についての認識を深める一助となることを心から願っている。

二〇〇六年五月二六日

齊藤寅

世田谷一家殺人事件

2006年6月28日　第1刷発行

著　者　齊藤　寅
装丁者　前橋隆道
発行者　木谷東男
発行所　株式会社 草思社
〒151-0051　東京都渋谷区千駄ヶ谷2-33-8
電　話　営業03(3470)6565　編集03(3470)6566
振　替　00170-9-23552
印　刷　株式会社三陽社
カバー　株式会社大竹美術
製　本　大口製本印刷株式会社
ISBN4-7942-1502-9
Printed in Japan